U0106737

中華人民共和國
民 法 典

中華書局

目　錄

第七編　侵權責任

中華人民共和國主席令

第四十五號

《中華人民共和國民法典》已由中華人民共和國第十三屆全國人民代表大會第三次會議於 2020 年 5 月 28 日通過，現予公佈，自 2021 年 1 月 1 日起施行。

中華人民共和國主席　習近平

2020 年 5 月 28 日

第一編

總　則

第一章 基本規定

1 　　為了保護民事主體的合法權益，調整民事關係，維護社會和經濟秩序，適應中國特色社會主義發展要求，弘揚社會主義核心價值觀，根據憲法，制定本法。

2 　　民法調整平等主體的自然人、法人和非法人組織之間的人身關係和財產關係。

3 　　民事主體的人身權利、財產權利以及其他合法權益受法律保護，任何組織或者個人不得侵犯。

4 　　民事主體在民事活動中的法律地位一律平等。

5 　　民事主體從事民事活動，應當遵循自願原則，按照自己的意思設立、變更、終止民事法律關係。

6 　　民事主體從事民事活動，應當遵循公平原則，合理確定各方的權利和義務。

7 　　民事主體從事民事活動，應當遵循誠信原則，秉持誠實，恪守承諾。

8 　　民事主體從事民事活動，不得違反法律，不得違背公序良俗。

9 　　民事主體從事民事活動，應當有利於節約資源、保護生態環境。

10 　　處理民事糾紛，應當依照法律；法律沒有規定的，可以適用習慣，但是不得違背公序良俗。

11 　　其他法律對民事關係有特別規定的，依照其規定。

12 　　中華人民共和國領域內的民事活動，適用中華人民共和國法律。法律另有規定的，依照其規定。

第二章 自然人

第一節 民事權利能力和民事行為能力

13 　　自然人從出生時起到死亡時止，具有民事權利能力，依法享有民事權利，承擔民事義務。

14　　　　自然人的民事權利能力一律平等。

15　　　　自然人的出生時間和死亡時間，以出生證明、死亡證明記載的時間為準；沒有出生證明、死亡證明的，以戶籍登記或者其他有效身份登記記載的時間為準。有其他證據足以推翻以上記載時間的，以該證據證明的時間為準。

16　　　　涉及遺產繼承、接受贈與等胎兒利益保護的，胎兒視為具有民事權利能力。但是，胎兒娩出時為死體的，其民事權利能力自始不存在。

17　　　　十八周歲以上的自然人為成年人。不滿十八周歲的自然人為未成年人。

18　　　　成年人為完全民事行為能力人，可以獨立實施民事法律行為。
　　　　十六周歲以上的未成年人，以自己的勞動收入為主要生活來源的，視為完全民事行為能力人。

19　　　　八周歲以上的未成年人為限制民事行為能力人，實施民事法律行為由其法定代理人代理或者經其法定代理人同意、追認；但是，可以獨立實施純獲利益的民事法律行為或者與其年齡、智力相適應的民事法律行為。

20　　　　不滿八周歲的未成年人為無民事行為能力人，由其法定代理人代理實施民事法律行為。

21　　　　不能辨認自己行為的成年人為無民事行為能力人，由其法定代理人代理實施民事法律行為。
　　　　八周歲以上的未成年人不能辨認自己行為的，適用前款規定。

22　　　　不能完全辨認自己行為的成年人為限制民事行為能力人，實施民事法律行為由其法定代理人代理或者經其法定代理人同意、追認；但是，可以獨立實施純獲利益的民事法律行為或者與其智力、精神健康狀況相適應的民事法律行為。

23　　　　無民事行為能力人、限制民事行為能力人的監護人是其法定代理人。

24 　　不能辨認或者不能完全辨認自己行為的成年人，其利害關係人或者有關組織，可以向人民法院申請認定該成年人為無民事行為能力人或者限制民事行為能力人。

　　被人民法院認定為無民事行為能力人或者限制民事行為能力人的，經本人、利害關係人或者有關組織申請，人民法院可以根據其智力、精神健康恢復的狀況，認定該成年人恢復為限制民事行為能力人或者完全民事行為能力人。

　　本條規定的有關組織包括：居民委員會、村民委員會、學校、醫療機構、婦女聯合會、殘疾人聯合會、依法設立的老年人組織、民政部門等。

25 　　自然人以戶籍登記或者其他有效身份登記記載的居所為住所；經常居所與住所不一致的，經常居所視為住所。

第二節　監護

26 　　父母對未成年子女負有撫養、教育和保護的義務。
　　成年子女對父母負有贍養、扶助和保護的義務。

27 　　父母是未成年子女的監護人。
　　未成年人的父母已經死亡或者沒有監護能力的，由下列有監護能力的人按順序擔任監護人：
　　（一）祖父母、外祖父母；
　　（二）兄、姐；
　　（三）其他願意擔任監護人的個人或者組織，但是須經未成年人住所地的居民委員會、村民委員會或者民政部門同意。

28 　　無民事行為能力或者限制民事行為能力的成年人，由下列有監護能力的人按順序擔任監護人：
　　（一）配偶；
　　（二）父母、子女；
　　（三）其他近親屬；
　　（四）其他願意擔任監護人的個人或者組織，但是須經被監護人住所地的居民委員會、村民委員會或者民政部門同意。

29 　　被監護人的父母擔任監護人的，可以通過遺囑指定監護人。

30   依法具有監護資格的人之間可以協議確定監護人。協議確定監護人應當尊重被監護人的真實意願。

31   對監護人的確定有爭議的，由被監護人住所地的居民委員會、村民委員會或者民政部門指定監護人，有關當事人對指定不服的，可以向人民法院申請指定監護人；有關當事人也可以直接向人民法院申請指定監護人。

居民委員會、村民委員會、民政部門或者人民法院應當尊重被監護人的真實意願，按照最有利於被監護人的原則在依法具有監護資格的人中指定監護人。

依據本條第一款規定指定監護人前，被監護人的人身權利、財產權利以及其他合法權益處於無人保護狀態的，由被監護人住所地的居民委員會、村民委員會、法律規定的有關組織或者民政部門擔任臨時監護人。

監護人被指定後，不得擅自變更；擅自變更的，不免除被指定的監護人的責任。

32   沒有依法具有監護資格的人的，監護人由民政部門擔任，也可以由具備履行監護職責條件的被監護人住所地的居民委員會、村民委員會擔任。

33   具有完全民事行為能力的成年人，可以與其近親屬、其他願意擔任監護人的個人或者組織事先協商，以書面形式確定自己的監護人，在自己喪失或者部分喪失民事行為能力時，由該監護人履行監護職責。

34   監護人的職責是代理被監護人實施民事法律行為，保護被監護人的人身權利、財產權利以及其他合法權益等。

監護人依法履行監護職責產生的權利，受法律保護。

監護人不履行監護職責或者侵害被監護人合法權益的，應當承擔法律責任。

因發生突發事件等緊急情況，監護人暫時無法履行監護職責，被監護人的生活處於無人照料狀態的，被監護人住所地的居民委員會、村民委員會或者民政部門應當為被監護人安排必要的臨時生活照料措施。

35   監護人應當按照最有利於被監護人的原則履行監護職責。監護人除為維護被監護人利益外，不得處分被監護人的財產。

未成年人的監護人履行監護職責，在作出與被監護人利益有關的決定時，應當根據被監護人的年齡和智力狀況，尊重被監護人的真實意願。

　　成年人的監護人履行監護職責，應當最大程度地尊重被監護人的真實意願，保障並協助被監護人實施與其智力、精神健康狀況相適應的民事法律行為。對被監護人有能力獨立處理的事務，監護人不得干涉。

36　　監護人有下列情形之一的，人民法院根據有關個人或者組織的申請，撤銷其監護人資格，安排必要的臨時監護措施，並按照最有利於被監護人的原則依法指定監護人：

　　（一）實施嚴重損害被監護人身心健康的行為；

　　（二）怠於履行監護職責，或者無法履行監護職責且拒絕將監護職責部分或者全部委託給他人，導致被監護人處於危困狀態；

　　（三）實施嚴重侵害被監護人合法權益的其他行為。

　　本條規定的有關個人、組織包括：其他依法具有監護資格的人，居民委員會、村民委員會、學校、醫療機構、婦女聯合會、殘疾人聯合會、未成年人保護組織、依法設立的老年人組織、民政部門等。

　　前款規定的個人和民政部門以外的組織未及時向人民法院申請撤銷監護人資格的，民政部門應當向人民法院申請。

37　　依法負擔被監護人撫養費、贍養費、扶養費的父母、子女、配偶等，被人民法院撤銷監護人資格後，應當繼續履行負擔的義務。

38　　被監護人的父母或者子女被人民法院撤銷監護人資格後，除對被監護人實施故意犯罪的外，確有悔改表現的，經其申請，人民法院可以在尊重被監護人真實意願的前提下，視情況恢復其監護人資格，人民法院指定的監護人與被監護人的監護關係同時終止。

39　　有下列情形之一的，監護關係終止：

　　（一）被監護人取得或者恢復完全民事行為能力；

　　（二）監護人喪失監護能力；

　　（三）被監護人或者監護人死亡；

（四）人民法院認定監護關係終止的其他情形。

監護關係終止後，被監護人仍然需要監護的，應當依法另行確定監護人。

第三節　宣告失蹤和宣告死亡

40　　自然人下落不明滿二年的，利害關係人可以向人民法院申請宣告該自然人為失蹤人。

41　　自然人下落不明的時間自其失去音訊之日起計算。戰爭期間下落不明的，下落不明的時間自戰爭結束之日或者有關機關確定的下落不明之日起計算。

42　　失蹤人的財產由其配偶、成年子女、父母或者其他願意擔任財產代管人的人代管。

代管有爭議，沒有前款規定的人，或者前款規定的人無代管能力的，由人民法院指定的人代管。

43　　財產代管人應當妥善管理失蹤人的財產，維護其財產權益。

失蹤人所欠稅款、債務和應付的其他費用，由財產代管人從失蹤人的財產中支付。

財產代管人因故意或者重大過失造成失蹤人財產損失的，應當承擔賠償責任。

44　　財產代管人不履行代管職責、侵害失蹤人財產權益或者喪失代管能力的，失蹤人的利害關係人可以向人民法院申請變更財產代管人。

財產代管人有正當理由的，可以向人民法院申請變更財產代管人。

人民法院變更財產代管人的，變更後的財產代管人有權請求原財產代管人及時移交有關財產並報告財產代管情況。

45　　失蹤人重新出現，經本人或者利害關係人申請，人民法院應當撤銷失蹤宣告。

失蹤人重新出現，有權請求財產代管人及時移交有關財產並報告財產代管情況。

46　　自然人有下列情形之一的，利害關係人可以向人民法院申請宣告該自然人死亡：

（一）下落不明滿四年；

（二）因意外事件，下落不明滿二年。

因意外事件下落不明，經有關機關證明該自然人不可能生存的，申請宣告死亡不受二年時間的限制。

47　對同一自然人，有的利害關係人申請宣告死亡，有的利害關係人申請宣告失蹤，符合本法規定的宣告死亡條件的，人民法院應當宣告死亡。

48　被宣告死亡的人，人民法院宣告死亡的判決作出之日視為其死亡的日期；因意外事件下落不明宣告死亡的，意外事件發生之日視為其死亡的日期。

49　自然人被宣告死亡但是並未死亡的，不影響該自然人在被宣告死亡期間實施的民事法律行為的效力。

50　被宣告死亡的人重新出現，經本人或者利害關係人申請，人民法院應當撤銷死亡宣告。

51　被宣告死亡的人的婚姻關係，自死亡宣告之日起消除。死亡宣告被撤銷的，婚姻關係自撤銷死亡宣告之日起自行恢復。但是，其配偶再婚或者向婚姻登記機關書面聲明不願意恢復的除外。

52　被宣告死亡的人在被宣告死亡期間，其子女被他人依法收養的，在死亡宣告被撤銷後，不得以未經本人同意為由主張收養行為無效。

53　被撤銷死亡宣告的人有權請求依照本法第六編取得其財產的民事主體返還財產；無法返還的，應當給予適當補償。

利害關係人隱瞞真實情況，致使他人被宣告死亡而取得其財產的，除應當返還財產外，還應當對由此造成的損失承擔賠償責任。

第四節　個體工商戶和農村承包經營戶

54　自然人從事工商業經營，經依法登記，為個體工商戶。個體工商戶可以起字號。

55　農村集體經濟組織的成員，依法取得農村土地承包經營權，從事家庭承包經營的，為農村承包經營戶。

　　個體工商戶的債務，個人經營的，以個人財產承擔；家庭經營的，以家庭財產承擔；無法區分的，以家庭財產承擔。

　　農村承包經營戶的債務，以從事農村土地承包經營的農戶財產承擔；事實上由農戶部分成員經營的，以該部分成員的財產承擔。

第三章　法人

第一節　一般規定

　　法人是具有民事權利能力和民事行為能力，依法獨立享有民事權利和承擔民事義務的組織。

　　法人應當依法成立。

　　法人應當有自己的名稱、組織機構、住所、財產或者經費。法人成立的具體條件和程序，依照法律、行政法規的規定。

　　設立法人，法律、行政法規規定須經有關機關批准的，依照其規定。

　　法人的民事權利能力和民事行為能力，從法人成立時產生，到法人終止時消滅。

　　法人以其全部財產獨立承擔民事責任。

　　依照法律或者法人章程的規定，代表法人從事民事活動的負責人，為法人的法定代表人。

　　法定代表人以法人名義從事的民事活動，其法律後果由法人承受。

　　法人章程或者法人權力機構對法定代表人代表權的限制，不得對抗善意相對人。

　　法定代表人因執行職務造成他人損害的，由法人承擔民事責任。

　　法人承擔民事責任後，依照法律或者法人章程的規定，可以向有過錯的法定代表人追償。

　　法人以其主要辦事機構所在地為住所。依法需要辦理法人登記的，應當將主要辦事機構所在地登記為住所。

64 　　法人存續期間登記事項發生變化的，應當依法向登記機關申請變更登記。

65 　　法人的實際情況與登記的事項不一致的，不得對抗善意相對人。

66 　　登記機關應當依法及時公示法人登記的有關信息。

67 　　法人合併的，其權利和義務由合併後的法人享有和承擔。

　　法人分立的，其權利和義務由分立後的法人享有連帶債權，承擔連帶債務，但是債權人和債務人另有約定的除外。

68 　　有下列原因之一併依法完成清算、註銷登記的，法人終止：

　　（一）法人解散；

　　（二）法人被宣告破產；

　　（三）法律規定的其他原因。

　　法人終止，法律、行政法規規定須經有關機關批准的，依照其規定。

69 　　有下列情形之一的，法人解散：

　　（一）法人章程規定的存續期間屆滿或者法人章程規定的其他解散事由出現；

　　（二）法人的權力機構決議解散；

　　（三）因法人合併或者分立需要解散；

　　（四）法人依法被吊銷營業執照、登記證書，被責令關閉或者被撤銷；

　　（五）法律規定的其他情形。

70 　　法人解散的，除合併或者分立的情形外，清算義務人應當及時組成清算組進行清算。

　　法人的董事、理事等執行機構或者決策機構的成員為清算義務人。法律、行政法規另有規定的，依照其規定。

　　清算義務人未及時履行清算義務，造成損害的，應當承擔民事責任；主管機關或者利害關係人可以申請人民法院指定有關人員組成清算組進行清算。

71 　　法人的清算程序和清算組職權，依照有關法律的規定；沒有規定的，參照適用公司法律的有關規定。

72 | 　　清算期間法人存續，但是不得從事與清算無關的活動。
　　法人清算後的剩餘財產，按照法人章程的規定或者法人權力機構的決議處理。法律另有規定的，依照其規定。
　　清算結束並完成法人註銷登記時，法人終止；依法不需要辦理法人登記的，清算結束時，法人終止。

73 | 　　法人被宣告破產的，依法進行破產清算並完成法人註銷登記時，法人終止。

74 | 　　法人可以依法設立分支機構。法律、行政法規規定分支機構應當登記的，依照其規定。
　　分支機構以自己的名義從事民事活動，產生的民事責任由法人承擔；也可以先以該分支機構管理的財產承擔，不足以承擔的，由法人承擔。

75 | 　　設立人為設立法人從事的民事活動，其法律後果由法人承受；法人未成立的，其法律後果由設立人承受，設立人為二人以上的，享有連帶債權，承擔連帶債務。
　　設立人為設立法人以自己的名義從事民事活動產生的民事責任，第三人有權選擇請求法人或者設立人承擔。

第二節　營利法人

76 | 　　以取得利潤並分配給股東等出資人為目的成立的法人，為營利法人。
　　營利法人包括有限責任公司、股份有限公司和其他企業法人等。

77 | 　　營利法人經依法登記成立。

78 | 　　依法設立的營利法人，由登記機關發給營利法人營業執照。營業執照簽發日期為營利法人的成立日期。

79 | 　　設立營利法人應當依法制定法人章程。

80 | 　　營利法人應當設權力機構。
　　權力機構行使修改法人章程，選舉或者更換執行機構、監督機構成員，以及法人章程規定的其他職權。

81 　　營利法人應當設執行機構。

　　執行機構行使召集權力機構會議，決定法人的經營計劃和投資方案，決定法人內部管理機構的設置，以及法人章程規定的其他職權。

　　執行機構為董事會或者執行董事的，董事長、執行董事或者經理按照法人章程的規定擔任法定代表人；未設董事會或者執行董事的，法人章程規定的主要負責人為其執行機構和法定代表人。

82 　　營利法人設監事會或者監事等監督機構的，監督機構依法行使檢查法人財務，監督執行機構成員、高級管理人員執行法人職務的行為，以及法人章程規定的其他職權。

83 　　營利法人的出資人不得濫用出資人權利損害法人或者其他出資人的利益；濫用出資人權利造成法人或者其他出資人損失的，應當依法承擔民事責任。

　　營利法人的出資人不得濫用法人獨立地位和出資人有限責任損害法人債權人的利益；濫用法人獨立地位和出資人有限責任，逃避債務，嚴重損害法人債權人的利益的，應當對法人債務承擔連帶責任。

84 　　營利法人的控股出資人、實際控制人、董事、監事、高級管理人員不得利用其關聯關係損害法人的利益；利用關聯關係造成法人損失的，應當承擔賠償責任。

85 　　營利法人的權力機構、執行機構作出決議的會議召集程序、表決方式違反法律、行政法規、法人章程，或者決議內容違反法人章程的，營利法人的出資人可以請求人民法院撤銷該決議。但是，營利法人依據該決議與善意相對人形成的民事法律關係不受影響。

86 　　營利法人從事經營活動，應當遵守商業道德，維護交易安全，接受政府和社會的監督，承擔社會責任。

第三節　非營利法人

87 　　為公益目的或者其他非營利目的成立，不向出資人、設立人或者會員分配所取得利潤的法人，為非營利法人。

非營利法人包括事業單位、社會團體、基金會、社會服務機構等。

88　　具備法人條件，為適應經濟社會發展需要，提供公益服務設立的事業單位，經依法登記成立，取得事業單位法人資格；依法不需要辦理法人登記的，從成立之日起，具有事業單位法人資格。

89　　事業單位法人設理事會的，除法律另有規定外，理事會為其決策機構。事業單位法人的法定代表人依照法律、行政法規或者法人章程的規定產生。

90　　具備法人條件，基於會員共同意願，為公益目的或者會員共同利益等非營利目的設立的社會團體，經依法登記成立，取得社會團體法人資格；依法不需要辦理法人登記的，從成立之日起，具有社會團體法人資格。

91　　設立社會團體法人應當依法制定法人章程。

社會團體法人應當設會員大會或者會員代表大會等權力機構。

社會團體法人應當設理事會等執行機構。理事長或者會長等負責人按照法人章程的規定擔任法定代表人。

92　　具備法人條件，為公益目的以捐助財產設立的基金會、社會服務機構等，經依法登記成立，取得捐助法人資格。

依法設立的宗教活動場所，具備法人條件的，可以申請法人登記，取得捐助法人資格。法律、行政法規對宗教活動場所有規定的，依照其規定。

93　　設立捐助法人應當依法制定法人章程。

捐助法人應當設理事會、民主管理組織等決策機構，並設執行機構。理事長等負責人按照法人章程的規定擔任法定代表人。

捐助法人應當設監事會等監督機構。

94　　捐助人有權向捐助法人查詢捐助財產的使用、管理情況，並提出意見和建議，捐助法人應當及時、如實答覆。

捐助法人的決策機構、執行機構或者法定代表人作出決定的程序違反法律、行政法規、法人章程，或者決

定內容違反法人章程的，捐助人等利害關係人或者主管機關可以請求人民法院撤銷該決定。但是，捐助法人依據該決定與善意相對人形成的民事法律關係不受影響。

95 　　為公益目的成立的非營利法人終止時，不得向出資人、設立人或者會員分配剩餘財產。剩餘財產應當按照法人章程的規定或者權力機構的決議用於公益目的；無法按照法人章程的規定或者權力機構的決議處理的，由主管機關主持轉給宗旨相同或者相近的法人，並向社會公告。

第四節　特別法人

96 　　本節規定的機關法人、農村集體經濟組織法人、城鎮農村的合作經濟組織法人、基層群眾性自治組織法人，為特別法人。

97 　　有獨立經費的機關和承擔行政職能的法定機構從成立之日起，具有機關法人資格，可以從事為履行職能所需要的民事活動。

98 　　機關法人被撤銷的，法人終止，其民事權利和義務由繼任的機關法人享有和承擔；沒有繼任的機關法人的，由作出撤銷決定的機關法人享有和承擔。

99 　　農村集體經濟組織依法取得法人資格。
　　法律、行政法規對農村集體經濟組織有規定的，依照其規定。

100 　　城鎮農村的合作經濟組織依法取得法人資格。
　　法律、行政法規對城鎮農村的合作經濟組織有規定的，依照其規定。

101 　　居民委員會、村民委員會具有基層群眾性自治組織法人資格，可以從事為履行職能所需要的民事活動。
　　未設立村集體經濟組織的，村民委員會可以依法代行村集體經濟組織的職能。

第四章　非法人組織

102 　　非法人組織是不具有法人資格，但是能夠依法以自己的名義從事民事活動的組織。

非法人組織包括個人獨資企業、合夥企業、不具有法人資格的專業服務機構等。

103　　非法人組織應當依照法律的規定登記。

設立非法人組織，法律、行政法規規定須經有關機關批准的，依照其規定。

104　　非法人組織的財產不足以清償債務的，其出資人或者設立人承擔無限責任。法律另有規定的，依照其規定。

105　　非法人組織可以確定一人或者數人代表該組織從事民事活動。

106　　有下列情形之一的，非法人組織解散：

（一）章程規定的存續期間屆滿或者章程規定的其他解散事由出現；

（二）出資人或者設立人決定解散；

（三）法律規定的其他情形。

107　　非法人組織解散的，應當依法進行清算。

108　　非法人組織除適用本章規定外，參照適用本編第三章第一節的有關規定。

第五章　民事權利

109　　自然人的人身自由、人格尊嚴受法律保護。

110　　自然人享有生命權、身體權、健康權、姓名權、肖像權、名譽權、榮譽權、隱私權、婚姻自主權等權利。

法人、非法人組織享有名稱權、名譽權和榮譽權。

111　　自然人的個人信息受法律保護。任何組織或者個人需要獲取他人個人信息的，應當依法取得並確保信息安全，不得非法收集、使用、加工、傳輸他人個人信息，不得非法買賣、提供或者公開他人個人信息。

112　　自然人因婚姻家庭關係等產生的人身權利受法律保護。

113　　民事主體的財產權利受法律平等保護。

114　　民事主體依法享有物權。

物權是權利人依法對特定的物享有直接支配和排他的權利，包括所有權、用益物權和擔保物權。

115　　　物包括不動產和動產。法律規定權利作為物權客體的，依照其規定。

116　　　物權的種類和內容，由法律規定。

117　　　為了公共利益的需要，依照法律規定的權限和程序徵收、徵用不動產或者動產的，應當給予公平、合理的補償。

118　　　民事主體依法享有債權。

　　　債權是因合同、侵權行為、無因管理、不當得利以及法律的其他規定，權利人請求特定義務人為或者不為一定行為的權利。

119　　　依法成立的合同，對當事人具有法律約束力。

120　　　民事權益受到侵害的，被侵權人有權請求侵權人承擔侵權責任。

121　　　沒有法定的或者約定的義務，為避免他人利益受損失而進行管理的人，有權請求受益人償還由此支出的必要費用。

122　　　因他人沒有法律根據，取得不當利益，受損失的人有權請求其返還不當利益。

123　　　民事主體依法享有知識產權。

　　　知識產權是權利人依法就下列客體享有的專有的權利：

　　　（一）作品；

　　　（二）發明、實用新型、外觀設計；

　　　（三）商標；

　　　（四）地理標誌；

　　　（五）商業秘密；

　　　（六）集成電路佈圖設計；

　　　（七）植物新品種；

　　　（八）法律規定的其他客體。

124　　　自然人依法享有繼承權。

　　　自然人合法的私有財產，可以依法繼承。

125　　　民事主體依法享有股權和其他投資性權利。

126　　　民事主體享有法律規定的其他民事權利和利益。

127　　　法律對數據、網絡虛擬財產的保護有規定的，依照其規定。

128　　　法律對未成年人、老年人、殘疾人、婦女、消費者等的民事權利保護有特別規定的，依照其規定。

129　　　民事權利可以依據民事法律行為、事實行為、法律規定的事件或者法律規定的其他方式取得。

130　　　民事主體按照自己的意願依法行使民事權利，不受干涉。

131　　　民事主體行使權利時，應當履行法律規定的和當事人約定的義務。

132　　　民事主體不得濫用民事權利損害國家利益、社會公共利益或者他人合法權益。

第六章　民事法律行為

第一節　一般規定

133　　　民事法律行為是民事主體通過意思表示設立、變更、終止民事法律關係的行為。

134　　　民事法律行為可以基於雙方或者多方的意思表示一致成立，也可以基於單方的意思表示成立。

　　　法人、非法人組織依照法律或者章程規定的議事方式和表決程序作出決議的，該決議行為成立。

135　　　民事法律行為可以採用書面形式、口頭形式或者其他形式；法律、行政法規規定或者當事人約定採用特定形式的，應當採用特定形式。

136　　　民事法律行為自成立時生效，但是法律另有規定或者當事人另有約定的除外。

　　　行為人非依法律規定或者未經對方同意，不得擅自變更或者解除民事法律行為。

第二節　意思表示

137　　以對話方式作出的意思表示，相對人知道其內容時生效。

　　以非對話方式作出的意思表示，到達相對人時生效。以非對話方式作出的採用數據電文形式的意思表示，相對人指定特定系統接收數據電文的，該數據電文進入該特定系統時生效；未指定特定系統的，相對人知道或者應當知道該數據電文進入其系統時生效。當事人對採用數據電文形式的意思表示的生效時間另有約定的，按照其約定。

138　　無相對人的意思表示，表示完成時生效。法律另有規定的，依照其規定。

139　　以公告方式作出的意思表示，公告發佈時生效。

140　　行為人可以明示或者默示作出意思表示。

　　沉默只有在有法律規定、當事人約定或者符合當事人之間的交易習慣時，才可以視為意思表示。

141　　行為人可以撤回意思表示。撤回意思表示的通知應當在意思表示到達相對人前或者與意思表示同時到達相對人。

142　　有相對人的意思表示的解釋，應當按照所使用的詞句，結合相關條款、行為的性質和目的、習慣以及誠信原則，確定意思表示的含義。

　　無相對人的意思表示的解釋，不能完全拘泥於所使用的詞句，而應當結合相關條款、行為的性質和目的、習慣以及誠信原則，確定行為人的真實意思。

第三節　民事法律行為的效力

143　　具備下列條件的民事法律行為有效：

　　（一）行為人具有相應的民事行為能力；

　　（二）意思表示真實；

　　（三）不違反法律、行政法規的強制性規定，不違背公序良俗。

144　　無民事行為能力人實施的民事法律行為無效。

145　　　　限制民事行為能力人實施的純獲利益的民事法律行為或者與其年齡、智力、精神健康狀況相適應的民事法律行為有效；實施的其他民事法律行為經法定代理人同意或者追認後有效。

　　　　相對人可以催告法定代理人自收到通知之日起三十日內予以追認。法定代理人未作表示的，視為拒絕追認。民事法律行為被追認前，善意相對人有撤銷的權利。撤銷應當以通知的方式作出。

146　　　　行為人與相對人以虛假的意思表示實施的民事法律行為無效。

　　　　以虛假的意思表示隱藏的民事法律行為的效力，依照有關法律規定處理。

147　　　　基於重大誤解實施的民事法律行為，行為人有權請求人民法院或者仲裁機構予以撤銷。

148　　　　一方以欺詐手段，使對方在違背真實意思的情況下實施的民事法律行為，受欺詐方有權請求人民法院或者仲裁機構予以撤銷。

149　　　　第三人實施欺詐行為，使一方在違背真實意思的情況下實施的民事法律行為，對方知道或者應當知道該欺詐行為的，受欺詐方有權請求人民法院或者仲裁機構予以撤銷。

150　　　　一方或者第三人以脅迫手段，使對方在違背真實意思的情況下實施的民事法律行為，受脅迫方有權請求人民法院或者仲裁機構予以撤銷。

151　　　　一方利用對方處於危困狀態、缺乏判斷能力等情形，致使民事法律行為成立時顯失公平的，受損害方有權請求人民法院或者仲裁機構予以撤銷。

152　　　　有下列情形之一的，撤銷權消滅：

　　　　（一）當事人自知道或者應當知道撤銷事由之日起一年內、重大誤解的當事人自知道或者應當知道撤銷事由之日起九十日內沒有行使撤銷權；

　　　　（二）當事人受脅迫，自脅迫行為終止之日起一年內沒有行使撤銷權；

（三）當事人知道撤銷事由後明確表示或者以自己的行為表明放棄撤銷權。

當事人自民事法律行為發生之日起五年內沒有行使撤銷權的，撤銷權消滅。

153　　違反法律、行政法規的強制性規定的民事法律行為無效。但是，該強制性規定不導致該民事法律行為無效的除外。

違背公序良俗的民事法律行為無效。

154　　行為人與相對人惡意串通，損害他人合法權益的民事法律行為無效。

155　　無效的或者被撤銷的民事法律行為自始沒有法律約束力。

156　　民事法律行為部分無效，不影響其他部分效力的，其他部分仍然有效。

157　　民事法律行為無效、被撤銷或者確定不發生效力後，行為人因該行為取得的財產，應當予以返還；不能返還或者沒有必要返還的，應當折價補償。有過錯的一方應當賠償對方由此所受到的損失；各方都有過錯的，應當各自承擔相應的責任。法律另有規定的，依照其規定。

第四節　民事法律行為的附條件和附期限

158　　民事法律行為可以附條件，但是根據其性質不得附條件的除外。附生效條件的民事法律行為，自條件成就時生效。附解除條件的民事法律行為，自條件成就時失效。

159　　附條件的民事法律行為，當事人為自己的利益不正當地阻止條件成就的，視為條件已經成就；不正當地促成條件成就的，視為條件不成就。

160　　民事法律行為可以附期限，但是根據其性質不得附期限的除外。附生效期限的民事法律行為，自期限屆至時生效。附終止期限的民事法律行為，自期限屆滿時失效。

第七章　代理

第一節　一般規定

161　民事主體可以通過代理人實施民事法律行為。

依照法律規定、當事人約定或者民事法律行為的性質，應當由本人親自實施的民事法律行為，不得代理。

162　代理人在代理權限內，以被代理人名義實施的民事法律行為，對被代理人發生效力。

163　代理包括委託代理和法定代理。

委託代理人按照被代理人的委託行使代理權。法定代理人依照法律的規定行使代理權。

164　代理人不履行或者不完全履行職責，造成被代理人損害的，應當承擔民事責任。

代理人和相對人惡意串通，損害被代理人合法權益的，代理人和相對人應當承擔連帶責任。

第二節　委託代理

165　委託代理授權採用書面形式的，授權委託書應當載明代理人的姓名或者名稱、代理事項、權限和期限，並由被代理人簽名或者蓋章。

166　數人為同一代理事項的代理人的，應當共同行使代理權，但是當事人另有約定的除外。

167　代理人知道或者應當知道代理事項違法仍然實施代理行為，或者被代理人知道或者應當知道代理人的代理行為違法未作反對表示的，被代理人和代理人應當承擔連帶責任。

168　代理人不得以被代理人的名義與自己實施民事法律行為，但是被代理人同意或者追認的除外。

代理人不得以被代理人的名義與自己同時代理的其他人實施民事法律行為，但是被代理的雙方同意或者追認的除外。

169　代理人需要轉委託第三人代理的，應當取得被代理

人的同意或者追認。

　　轉委託代理經被代理人同意或者追認的，被代理人可以就代理事務直接指示轉委託的第三人，代理人僅就第三人的選任以及對第三人的指示承擔責任。

　　轉委託代理未經被代理人同意或者追認的，代理人應當對轉委託的第三人的行為承擔責任；但是，在緊急情況下代理人為了維護被代理人的利益需要轉委託第三人代理的除外。

170　　執行法人或者非法人組織工作任務的人員，就其職權範圍內的事項，以法人或者非法人組織的名義實施的民事法律行為，對法人或者非法人組織發生效力。

　　法人或者非法人組織對執行其工作任務的人員職權範圍的限制，不得對抗善意相對人。

171　　行為人沒有代理權、超越代理權或者代理權終止後，仍然實施代理行為，未經被代理人追認的，對被代理人不發生效力。

　　相對人可以催告被代理人自收到通知之日起三十日內予以追認。被代理人未作表示的，視為拒絕追認。行為人實施的行為被追認前，善意相對人有撤銷的權利。撤銷應當以通知的方式作出。

　　行為人實施的行為未被追認的，善意相對人有權請求行為人履行債務或者就其受到的損害請求行為人賠償。但是，賠償的範圍不得超過被代理人追認時相對人所能獲得的利益。

　　相對人知道或者應當知道行為人無權代理的，相對人和行為人按照各自的過錯承擔責任。

172　　行為人沒有代理權、超越代理權或者代理權終止後，仍然實施代理行為，相對人有理由相信行為人有代理權的，代理行為有效。

第三節　代理終止

173　　有下列情形之一的，委託代理終止：
　　（一）代理期限屆滿或者代理事務完成；
　　（二）被代理人取消委託或者代理人辭去委託；
　　（三）代理人喪失民事行為能力；

（四）代理人或者被代理人死亡；

（五）作為代理人或者被代理人的法人、非法人組織終止。

174　　被代理人死亡後，有下列情形之一的，委託代理人實施的代理行為有效：

（一）代理人不知道且不應當知道被代理人死亡；

（二）被代理人的繼承人予以承認；

（三）授權中明確代理權在代理事務完成時終止；

（四）被代理人死亡前已經實施，為了被代理人的繼承人的利益繼續代理。

作為被代理人的法人、非法人組織終止的，參照適用前款規定。

175　　有下列情形之一的，法定代理終止：

（一）被代理人取得或者恢復完全民事行為能力；

（二）代理人喪失民事行為能力；

（三）代理人或者被代理人死亡；

（四）法律規定的其他情形。

第八章　民事責任

176　　民事主體依照法律規定或者按照當事人約定，履行民事義務，承擔民事責任。

177　　二人以上依法承擔按份責任，能夠確定責任大小的，各自承擔相應的責任；難以確定責任大小的，平均承擔責任。

178　　二人以上依法承擔連帶責任的，權利人有權請求部分或者全部連帶責任人承擔責任。

連帶責任人的責任份額根據各自責任大小確定；難以確定責任大小的，平均承擔責任。實際承擔責任超過自己責任份額的連帶責任人，有權向其他連帶責任人追償。

連帶責任，由法律規定或者當事人約定。

179　　承擔民事責任的方式主要有：

（一）停止侵害；

（二）排除妨礙；

（三）消除危險；

（四）返還財產；

（五）恢復原狀；

（六）修理、重作、更換；

（七）繼續履行；

（八）賠償損失；

（九）支付違約金；

（十）消除影響、恢復名譽；

（十一）賠禮道歉。

法律規定懲罰性賠償的，依照其規定。

本條規定的承擔民事責任的方式，可以單獨適用，也可以合併適用。

180　　　因不可抗力不能履行民事義務的，不承擔民事責任。法律另有規定的，依照其規定。

不可抗力是不能預見、不能避免且不能克服的客觀情況。

181　　　因正當防衛造成損害的，不承擔民事責任。

正當防衛超過必要的限度，造成不應有的損害的，正當防衛人應當承擔適當的民事責任。

182　　　因緊急避險造成損害的，由引起險情發生的人承擔民事責任。

危險由自然原因引起的，緊急避險人不承擔民事責任，可以給予適當補償。

緊急避險採取措施不當或者超過必要的限度，造成不應有的損害的，緊急避險人應當承擔適當的民事責任。

183　　　因保護他人民事權益使自己受到損害的，由侵權人承擔民事責任，受益人可以給予適當補償。沒有侵權人、侵權人逃逸或者無力承擔民事責任，受害人請求補償的，受益人應當給予適當補償。

184　　　因自願實施緊急救助行為造成受助人損害的，救助人不承擔民事責任。

185　　　侵害英雄烈士等的姓名、肖像、名譽、榮譽，損害社會公共利益的，應當承擔民事責任。

186 　　因當事人一方的違約行為，損害對方人身權益、財產權益的，受損害方有權選擇請求其承擔違約責任或者侵權責任。

187 　　民事主體因同一行為應當承擔民事責任、行政責任和刑事責任的，承擔行政責任或者刑事責任不影響承擔民事責任；民事主體的財產不足以支付的，優先用於承擔民事責任。

第九章　訴訟時效

188 　　向人民法院請求保護民事權利的訴訟時效期間為三年。法律另有規定的，依照其規定。

　　訴訟時效期間自權利人知道或者應當知道權利受到損害以及義務人之日起計算。法律另有規定的，依照其規定。但是，自權利受到損害之日起超過二十年的，人民法院不予保護，有特殊情況的，人民法院可以根據權利人的申請決定延長。

189 　　當事人約定同一債務分期履行的，訴訟時效期間自最後一期履行期限屆滿之日起計算。

190 　　無民事行為能力人或者限制民事行為能力人對其法定代理人的請求權的訴訟時效期間，自該法定代理終止之日起計算。

191 　　未成年人遭受性侵害的損害賠償請求權的訴訟時效期間，自受害人年滿十八周歲之日起計算。

192 　　訴訟時效期間屆滿的，義務人可以提出不履行義務的抗辯。

　　訴訟時效期間屆滿後，義務人同意履行的，不得以訴訟時效期間屆滿為由抗辯；義務人已經自願履行的，不得請求返還。

193 　　人民法院不得主動適用訴訟時效的規定。

194 　　在訴訟時效期間的最後六個月內，因下列障礙，不能行使請求權的，訴訟時效中止：

（一）不可抗力；

（二）無民事行為能力人或者限制民事行為能力人沒有法定代理人，或者法定代理人死亡、喪失民事行為能力、喪失代理權；

（三）繼承開始後未確定繼承人或者遺產管理人；

（四）權利人被義務人或者其他人控制；

（五）其他導致權利人不能行使請求權的障礙。

自中止時效的原因消除之日起滿六個月，訴訟時效期間屆滿。

195　　有下列情形之一的，訴訟時效中斷，從中斷、有關程序終結時起，訴訟時效期間重新計算：

（一）權利人向義務人提出履行請求；

（二）義務人同意履行義務；

（三）權利人提起訴訟或者申請仲裁；

（四）與提起訴訟或者申請仲裁具有同等效力的其他情形。

196　　下列請求權不適用訴訟時效的規定：

（一）請求停止侵害、排除妨礙、消除危險；

（二）不動產物權和登記的動產物權的權利人請求返還財產；

（三）請求支付撫養費、贍養費或者扶養費；

（四）依法不適用訴訟時效的其他請求權。

197　　訴訟時效的期間、計算方法以及中止、中斷的事由由法律規定，當事人約定無效。

當事人對訴訟時效利益的預先放棄無效。

198　　法律對仲裁時效有規定的，依照其規定；沒有規定的，適用訴訟時效的規定。

199　　法律規定或者當事人約定的撤銷權、解除權等權利的存續期間，除法律另有規定外，自權利人知道或者應當知道權利產生之日起計算，不適用有關訴訟時效中止、中斷和延長的規定。存續期間屆滿，撤銷權、解除權等權利消滅。

第十章　期間計算

200　　民法所稱的期間按照公曆年、月、日、小時計算。

201　　按照年、月、日計算期間的，開始的當日不計入，自下一日開始計算。

按照小時計算期間的，自法律規定或者當事人約定的時間開始計算。

202　　按照年、月計算期間的，到期月的對應日為期間的最後一日；沒有對應日的，月末日為期間的最後一日。

203　　期間的最後一日是法定休假日的，以法定休假日結束的次日為期間的最後一日。

期間的最後一日的截止時間為二十四時；有業務時間的，停止業務活動的時間為截止時間。

204　　期間的計算方法依照本法的規定，但是法律另有規定或者當事人另有約定的除外。

第二編

物　　權

第一分編　通則

第一章　一般規定

205　　本編調整因物的歸屬和利用產生的民事關係。

206　　國家堅持和完善公有制為主體、多種所有制經濟共同發展，按勞分配為主體、多種分配方式並存，社會主義市場經濟體制等社會主義基本經濟制度。

　　　　國家鞏固和發展公有制經濟，鼓勵、支持和引導非公有制經濟的發展。

　　　　國家實行社會主義市場經濟，保障一切市場主體的平等法律地位和發展權利。

207　　國家、集體、私人的物權和其他權利人的物權受法律平等保護，任何組織或者個人不得侵犯。

208　　不動產物權的設立、變更、轉讓和消滅，應當依照法律規定登記。動產物權的設立和轉讓，應當依照法律規定交付。

第二章　物權的設立、變更、轉讓和消滅

第一節　不動產登記

209　　不動產物權的設立、變更、轉讓和消滅，經依法登記，發生效力；未經登記，不發生效力，但是法律另有規定的除外。

　　　　依法屬於國家所有的自然資源，所有權可以不登記。

210　　不動產登記，由不動產所在地的登記機構辦理。

　　　　國家對不動產實行統一登記制度。統一登記的範圍、登記機構和登記辦法，由法律、行政法規規定。

211　　當事人申請登記，應當根據不同登記事項提供權屬證明和不動產界址、面積等必要材料。

212　　登記機構應當履行下列職責：

　　　　（一）查驗申請人提供的權屬證明和其他必要材料；

　　　　（二）就有關登記事項詢問申請人；

（三）如實、及時登記有關事項；

（四）法律、行政法規規定的其他職責。

申請登記的不動產的有關情況需要進一步證明的，登記機構可以要求申請人補充材料，必要時可以實地查看。

213　　登記機構不得有下列行為：

（一）要求對不動產進行評估；

（二）以年檢等名義進行重複登記；

（三）超出登記職責範圍的其他行為。

214　　不動產物權的設立、變更、轉讓和消滅，依照法律規定應當登記的，自記載於不動產登記簿時發生效力。

215　　當事人之間訂立有關設立、變更、轉讓和消滅不動產物權的合同，除法律另有規定或者當事人另有約定外，自合同成立時生效；未辦理物權登記的，不影響合同效力。

216　　不動產登記簿是物權歸屬和內容的根據。

不動產登記簿由登記機構管理。

217　　不動產權屬證書是權利人享有該不動產物權的證明。不動產權屬證書記載的事項，應當與不動產登記簿一致；記載不一致的，除有證據證明不動產登記簿確有錯誤外，以不動產登記簿為準。

218　　權利人、利害關係人可以申請查詢、複製不動產登記資料，登記機構應當提供。

219　　利害關係人不得公開、非法使用權利人的不動產登記資料。

220　　權利人、利害關係人認為不動產登記簿記載的事項錯誤的，可以申請更正登記。不動產登記簿記載的權利人書面同意更正或者有證據證明登記確有錯誤的，登記機構應當予以更正。

不動產登記簿記載的權利人不同意更正的，利害關係人可以申請異議登記。登記機構予以異議登記，申請人自異議登記之日起十五日內不提起訴訟的，異議登記失效。異議登記不當，造成權利人損害的，權利人可以向申請人請求損害賠償。

221　　當事人簽訂買賣房屋的協議或者簽訂其他不動產物權的協議，為保障將來實現物權，按照約定可以向登記機構申請預告登記。預告登記後，未經預告登記的權利人同意，處分該不動產的，不發生物權效力。

　　預告登記後，債權消滅或者自能夠進行不動產登記之日起九十日內未申請登記的，預告登記失效。

222　　當事人提供虛假材料申請登記，造成他人損害的，應當承擔賠償責任。

　　因登記錯誤，造成他人損害的，登記機構應當承擔賠償責任。登記機構賠償後，可以向造成登記錯誤的人追償。

223　　不動產登記費按件收取，不得按照不動產的面積、體積或者價款的比例收取。

第二節　動產交付

224　　動產物權的設立和轉讓，自交付時發生效力，但是法律另有規定的除外。

225　　船舶、航空器和機動車等的物權的設立、變更、轉讓和消滅，未經登記，不得對抗善意第三人。

226　　動產物權設立和轉讓前，權利人已經佔有該動產的，物權自民事法律行為生效時發生效力。

227　　動產物權設立和轉讓前，第三人佔有該動產的，負有交付義務的人可以通過轉讓請求第三人返還原物的權利代替交付。

228　　動產物權轉讓時，當事人又約定由出讓人繼續佔有該動產的，物權自該約定生效時發生效力。

第三節　其他規定

229　　因人民法院、仲裁機構的法律文書或者人民政府的徵收決定等，導致物權設立、變更、轉讓或者消滅的，自法律文書或者徵收決定等生效時發生效力。

230　　因繼承取得物權的，自繼承開始時發生效力。

231　因合法建造、拆除房屋等事實行為設立或者消滅物權的，自事實行為成就時發生效力。

232　處分依照本節規定享有的不動產物權，依照法律規定需要辦理登記的，未經登記，不發生物權效力。

第三章　物權的保護

233　物權受到侵害的，權利人可以通過和解、調解、仲裁、訴訟等途徑解決。

234　因物權的歸屬、內容發生爭議的，利害關係人可以請求確認權利。

235　無權佔有不動產或者動產的，權利人可以請求返還原物。

236　妨害物權或者可能妨害物權的，權利人可以請求排除妨害或者消除危險。

237　造成不動產或者動產毀損的，權利人可以依法請求修理、重做、更換或者恢復原狀。

238　侵害物權，造成權利人損害的，權利人可以依法請求損害賠償，也可以依法請求承擔其他民事責任。

239　本章規定的物權保護方式，可以單獨適用，也可以根據權利被侵害的情形合併適用。

第二分編　所有權

第四章　一般規定

240　所有權人對自己的不動產或者動產，依法享有佔有、使用、收益和處分的權利。

241　所有權人有權在自己的不動產或者動產上設立用益物權和擔保物權。用益物權人、擔保物權人行使權利，不得損害所有權人的權益。

242　　　　法律規定專屬於國家所有的不動產和動產，任何組織或者個人不能取得所有權。

243　　　　為了公共利益的需要，依照法律規定的權限和程序可以徵收集體所有的土地和組織、個人的房屋以及其他不動產。

　　　　徵收集體所有的土地，應當依法及時足額支付土地補償費、安置補助費以及農村村民住宅、其他地上附著物和青苗等的補償費用，並安排被徵地農民的社會保障費用，保障被徵地農民的生活，維護被徵地農民的合法權益。

　　　　徵收組織、個人的房屋以及其他不動產，應當依法給予徵收補償，維護被徵收人的合法權益；徵收個人住宅的，還應當保障被徵收人的居住條件。

　　　　任何組織或者個人不得貪污、挪用、私分、截留、拖欠徵收補償費等費用。

244　　　　國家對耕地實行特殊保護，嚴格限制農用地轉為建設用地，控制建設用地總量。不得違反法律規定的權限和程序徵收集體所有的土地。

245　　　　因搶險救災、疫情防控等緊急需要，依照法律規定的權限和程序可以徵用組織、個人的不動產或者動產。被徵用的不動產或者動產使用後，應當返還被徵用人。組織、個人的不動產或者動產被徵用或者徵用後毀損、滅失的，應當給予補償。

第五章　國家所有權和集體所有權、私人所有權

246　　　　法律規定屬於國家所有的財產，屬於國家所有即全民所有。

　　　　國有財產由國務院代表國家行使所有權。法律另有規定的，依照其規定。

247　　　　礦藏、水流、海域屬於國家所有。

248　　　　無居民海島屬於國家所有，國務院代表國家行使無居民海島所有權。

249 　　城市的土地，屬於國家所有。法律規定屬於國家所有的農村和城市郊區的土地，屬於國家所有。

250 　　森林、山嶺、草原、荒地、灘塗等自然資源，屬於國家所有，但是法律規定屬於集體所有的除外。

251 　　法律規定屬於國家所有的野生動植物資源，屬於國家所有。

252 　　無線電頻譜資源屬於國家所有。

253 　　法律規定屬於國家所有的文物，屬於國家所有。

254 　　國防資產屬於國家所有。
　　鐵路、公路、電力設施、電信設施和油氣管道等基礎設施，依照法律規定為國家所有的，屬於國家所有。

255 　　國家機關對其直接支配的不動產和動產，享有佔有、使用以及依照法律和國務院的有關規定處分的權利。

256 　　國家舉辦的事業單位對其直接支配的不動產和動產，享有佔有、使用以及依照法律和國務院的有關規定收益、處分的權利。

257 　　國家出資的企業，由國務院、地方人民政府依照法律、行政法規規定分別代表國家履行出資人職責，享有出資人權益。

258 　　國家所有的財產受法律保護，禁止任何組織或者個人侵佔、哄搶、私分、截留、破壞。

259 　　履行國有財產管理、監督職責的機構及其工作人員，應當依法加強對國有財產的管理、監督，促進國有財產保值增值，防止國有財產損失；濫用職權，玩忽職守，造成國有財產損失的，應當依法承擔法律責任。
　　違反國有財產管理規定，在企業改制、合併分立、關聯交易等過程中，低價轉讓、合謀私分、擅自擔保或者以其他方式造成國有財產損失的，應當依法承擔法律責任。

260 　　集體所有的不動產和動產包括：
　　（一）法律規定屬於集體所有的土地和森林、山嶺、草原、荒地、灘塗；

（二）集體所有的建築物、生產設施、農田水利設施；

（三）集體所有的教育、科學、文化、衛生、體育等設施；

（四）集體所有的其他不動產和動產。

261　農民集體所有的不動產和動產，屬於本集體成員集體所有。

下列事項應當依照法定程序經本集體成員決定：

（一）土地承包方案以及將土地發包給本集體以外的組織或者個人承包；

（二）個別土地承包經營權人之間承包地的調整；

（三）土地補償費等費用的使用、分配辦法；

（四）集體出資的企業的所有權變動等事項；

（五）法律規定的其他事項。

262　對於集體所有的土地和森林、山嶺、草原、荒地、灘塗等，依照下列規定行使所有權：

（一）屬於村農民集體所有的，由村集體經濟組織或者村民委員會依法代表集體行使所有權；

（二）分別屬於村內兩個以上農民集體所有的，由村內各該集體經濟組織或者村民小組依法代表集體行使所有權；

（三）屬於鄉鎮農民集體所有的，由鄉鎮集體經濟組織代表集體行使所有權。

263　城鎮集體所有的不動產和動產，依照法律、行政法規的規定由本集體享有佔有、使用、收益和處分的權利。

264　農村集體經濟組織或者村民委員會、村民小組應當依照法律、行政法規以及章程、村規民約向本集體成員公佈集體財產的狀況。集體成員有權查閱、複製相關資料。

265　集體所有的財產受法律保護，禁止任何組織或者個人侵佔、哄搶、私分、破壞。

農村集體經濟組織、村民委員會或者其負責人作出的決定侵害集體成員合法權益的，受侵害的集體成員可以請求人民法院予以撤銷。

266 　　私人對其合法的收入、房屋、生活用品、生產工具、原材料等不動產和動產享有所有權。

267 　　私人的合法財產受法律保護，禁止任何組織或者個人侵佔、哄搶、破壞。

268 　　國家、集體和私人依法可以出資設立有限責任公司、股份有限公司或者其他企業。國家、集體和私人所有的不動產或者動產投到企業的，由出資人按照約定或者出資比例享有資產收益、重大決策以及選擇經營管理者等權利並履行義務。

269 　　營利法人對其不動產和動產依照法律、行政法規以及章程享有佔有、使用、收益和處分的權利。
　　營利法人以外的法人，對其不動產和動產的權利，適用有關法律、行政法規以及章程的規定。

270 　　社會團體法人、捐助法人依法所有的不動產和動產，受法律保護。

第六章　業主的建築物區分所有權

271 　　業主對建築物內的住宅、經營性用房等專有部分享有所有權，對專有部分以外的共有部分享有共有和共同管理的權利。

272 　　業主對其建築物專有部分享有佔有、使用、收益和處分的權利。業主行使權利不得危及建築物的安全，不得損害其他業主的合法權益。

273 　　業主對建築物專有部分以外的共有部分，享有權利，承擔義務；不得以放棄權利為由不履行義務。
　　業主轉讓建築物內的住宅、經營性用房，其對共有部分享有的共有和共同管理的權利一併轉讓。

274 　　建築區劃內的道路，屬於業主共有，但是屬於城鎮公共道路的除外。建築區劃內的綠地，屬於業主共有，但是屬於城鎮公共綠地或者明示屬於個人的除外。建築區劃內的其他公共場所、公用設施和物業服務用房，屬於業主共有。

275 | 建築區劃內，規劃用於停放汽車的車位、車庫的歸屬，由當事人通過出售、附贈或者出租等方式約定。

佔用業主共有的道路或者其他場地用於停放汽車的車位，屬於業主共有。

276 | 建築區劃內，規劃用於停放汽車的車位、車庫應當首先滿足業主的需要。

277 | 業主可以設立業主大會，選舉業主委員會。業主大會、業主委員會成立的具體條件和程序，依照法律、法規的規定。

地方人民政府有關部門、居民委員會應當對設立業主大會和選舉業主委員會給予指導和協助。

278 | 下列事項由業主共同決定：

（一）制定和修改業主大會議事規則；

（二）制定和修改管理規約；

（三）選舉業主委員會或者更換業主委員會成員；

（四）選聘和解聘物業服務企業或者其他管理人；

（五）使用建築物及其附屬設施的維修資金；

（六）籌集建築物及其附屬設施的維修資金；

（七）改建、重建建築物及其附屬設施；

（八）改變共有部分的用途或者利用共有部分從事經營活動；

（九）有關共有和共同管理權利的其他重大事項。

業主共同決定事項，應當由專有部分面積佔比三分之二以上的業主且人數佔比三分之二以上的業主參與表決。決定前款第六項至第八項規定的事項，應當經參與表決專有部分面積四分之三以上的業主且參與表決人數四分之三以上的業主同意。決定前款其他事項，應當經參與表決專有部分面積過半數的業主且參與表決人數過半數的業主同意。

279 | 業主不得違反法律、法規以及管理規約，將住宅改變為經營性用房。業主將住宅改變為經營性用房的，除遵守法律、法規以及管理規約外，應當經有利害關係的業主一致同意。

280 | 業主大會或者業主委員會的決定，對業主具有法律

約束力。

　　業主大會或者業主委員會作出的決定侵害業主合法權益的，受侵害的業主可以請求人民法院予以撤銷。

281　　建築物及其附屬設施的維修資金，屬於業主共有。經業主共同決定，可以用於電梯、屋頂、外牆、無障礙設施等共有部分的維修、更新和改造。建築物及其附屬設施的維修資金的籌集、使用情況應當定期公佈。

　　緊急情況下需要維修建築物及其附屬設施的，業主大會或者業主委員會可以依法申請使用建築物及其附屬設施的維修資金。

282　　建設單位、物業服務企業或者其他管理人等利用業主的共有部分產生的收入，在扣除合理成本之後，屬於業主共有。

283　　建築物及其附屬設施的費用分攤、收益分配等事項，有約定的，按照約定；沒有約定或者約定不明確的，按照業主專有部分面積所佔比例確定。

284　　業主可以自行管理建築物及其附屬設施，也可以委託物業服務企業或者其他管理人管理。

　　對建設單位聘請的物業服務企業或者其他管理人，業主有權依法更換。

285　　物業服務企業或者其他管理人根據業主的委託，依照本法第三編有關物業服務合同的規定管理建築區劃內的建築物及其附屬設施，接受業主的監督，並及時答覆業主對物業服務情況提出的詢問。

　　物業服務企業或者其他管理人應當執行政府依法實施的應急處置措施和其他管理措施，積極配合開展相關工作。

286　　業主應當遵守法律、法規以及管理規約，相關行為應當符合節約資源、保護生態環境的要求。對於物業服務企業或者其他管理人執行政府依法實施的應急處置措施和其他管理措施，業主應當依法予以配合。

　　業主大會或者業主委員會，對任意棄置垃圾、排放污染物或者噪聲、違反規定飼養動物、違章搭建、侵佔通道、拒付物業費等損害他人合法權益的行為，有權依

照法律、法規以及管理規約，請求行為人停止侵害、排除妨礙、消除危險、恢復原狀、賠償損失。

業主或者其他行為人拒不履行相關義務的，有關當事人可以向有關行政主管部門報告或者投訴，有關行政主管部門應當依法處理。

287　　業主對建設單位、物業服務企業或者其他管理人以及其他業主侵害自己合法權益的行為，有權請求其承擔民事責任。

第七章　相鄰關係

288　　不動產的相鄰權利人應當按照有利生產、方便生活、團結互助、公平合理的原則，正確處理相鄰關係。

289　　法律、法規對處理相鄰關係有規定的，依照其規定；法律、法規沒有規定的，可以按照當地習慣。

290　　不動產權利人應當為相鄰權利人用水、排水提供必要的便利。

對自然流水的利用，應當在不動產的相鄰權利人之間合理分配。對自然流水的排放，應當尊重自然流向。

291　　不動產權利人對相鄰權利人因通行等必須利用其土地的，應當提供必要的便利。

292　　不動產權利人因建造、修繕建築物以及鋪設電線、電纜、水管、暖氣和燃氣管線等必須利用相鄰土地、建築物的，該土地、建築物的權利人應當提供必要的便利。

293　　建造建築物，不得違反國家有關工程建設標準，不得妨礙相鄰建築物的通風、採光和日照。

294　　不動產權利人不得違反國家規定棄置固體廢物，排放大氣污染物、水污染物、土壤污染物、噪聲、光輻射、電磁輻射等有害物質。

295　　不動產權利人挖掘土地、建造建築物、鋪設管線以及安裝設備等，不得危及相鄰不動產的安全。

296　　不動產權利人因用水、排水、通行、鋪設管線等利

用相鄰不動產的，應當盡量避免對相鄰的不動產權利人造成損害。

第八章　共有

297　　不動產或者動產可以由兩個以上組織、個人共有。共有包括按份共有和共同共有。

298　　按份共有人對共有的不動產或者動產按照其份額享有所有權。

299　　共同共有人對共有的不動產或者動產共同享有所有權。

300　　共有人按照約定管理共有的不動產或者動產；沒有約定或者約定不明確的，各共有人都有管理的權利和義務。

301　　處分共有的不動產或者動產以及對共有的不動產或者動產作重大修繕、變更性質或者用途的，應當經佔份額三分之二以上的按份共有人或者全體共同共有人同意，但是共有人之間另有約定的除外。

302　　共有人對共有物的管理費用以及其他負擔，有約定的，按照其約定；沒有約定或者約定不明確的，按份共有人按照其份額負擔，共同共有人共同負擔。

303　　共有人約定不得分割共有的不動產或者動產，以維持共有關係的，應當按照約定，但是共有人有重大理由需要分割的，可以請求分割；沒有約定或者約定不明確的，按份共有人可以隨時請求分割，共同共有人在共有的基礎喪失或者有重大理由需要分割時可以請求分割。因分割造成其他共有人損害的，應當給予賠償。

304　　共有人可以協商確定分割方式。達不成協議，共有的不動產或者動產可以分割且不會因分割減損價值的，應當對實物予以分割；難以分割或者因分割會減損價值的，應當對折價或者拍賣、變賣取得的價款予以分割。

　　共有人分割所得的不動產或者動產有瑕疵的，其他共有人應當分擔損失。

305　　按份共有人可以轉讓其享有的共有的不動產或者動產份額。其他共有人在同等條件下享有優先購買的權利。

306 | 按份共有人轉讓其享有的共有的不動產或者動產份額的，應當將轉讓條件及時通知其他共有人。其他共有人應當在合理期限內行使優先購買權。

兩個以上其他共有人主張行使優先購買權的，協商確定各自的購買比例；協商不成的，按照轉讓時各自的共有份額比例行使優先購買權。

307 | 因共有的不動產或者動產產生的債權債務，在對外關係上，共有人享有連帶債權、承擔連帶債務，但是法律另有規定或者第三人知道共有人不具有連帶債權債務關係的除外；在共有人內部關係上，除共有人另有約定外，按份共有人按照份額享有債權、承擔債務，共同共有人共同享有債權、承擔債務。償還債務超過自己應當承擔份額的按份共有人，有權向其他共有人追償。

308 | 共有人對共有的不動產或者動產沒有約定為按份共有或者共同共有，或者約定不明確的，除共有人具有家庭關係等外，視為按份共有。

309 | 按份共有人對共有的不動產或者動產享有的份額，沒有約定或者約定不明確的，按照出資額確定；不能確定出資額的，視為等額享有。

310 | 兩個以上組織、個人共同享有用益物權、擔保物權的，參照適用本章的有關規定。

第九章　所有權取得的特別規定

311 | 無處分權人將不動產或者動產轉讓給受讓人的，所有權人有權追回；除法律另有規定外，符合下列情形的，受讓人取得該不動產或者動產的所有權：

（一）受讓人受讓該不動產或者動產時是善意；

（二）以合理的價格轉讓；

（三）轉讓的不動產或者動產依照法律規定應當登記的已經登記，不需要登記的已經交付給受讓人。

受讓人依據前款規定取得不動產或者動產的所有權的，原所有權人有權向無處分權人請求損害賠償。

當事人善意取得其他物權的，參照適用前兩款規定。

312	所有權人或者其他權利人有權追回遺失物。該遺失物通過轉讓被他人佔有的，權利人有權向無處分權人請求損害賠償，或者自知道或者應當知道受讓人之日起二年內向受讓人請求返還原物；但是，受讓人通過拍賣或者向具有經營資格的經營者購得該遺失物的，權利人請求返還原物時應當支付受讓人所付的費用。權利人向受讓人支付所付費用後，有權向無處分權人追償。
313	善意受讓人取得動產後，該動產上的原有權利消滅。但是，善意受讓人在受讓時知道或者應當知道該權利的除外。
314	拾得遺失物，應當返還權利人。拾得人應當及時通知權利人領取，或者送交公安等有關部門。
315	有關部門收到遺失物，知道權利人的，應當及時通知其領取；不知道的，應當及時發佈招領公告。
316	拾得人在遺失物送交有關部門前，有關部門在遺失物被領取前，應當妥善保管遺失物。因故意或者重大過失致使遺失物毀損、滅失的，應當承擔民事責任。
317	權利人領取遺失物時，應當向拾得人或者有關部門支付保管遺失物等支出的必要費用。 權利人懸賞尋找遺失物的，領取遺失物時應當按照承諾履行義務。 拾得人侵佔遺失物的，無權請求保管遺失物等支出的費用，也無權請求權利人按照承諾履行義務。
318	遺失物自發佈招領公告之日起一年內無人認領的，歸國家所有。
319	拾得漂流物、發現埋藏物或者隱藏物的，參照適用拾得遺失物的有關規定。法律另有規定的，依照其規定。
320	主物轉讓的，從物隨主物轉讓，但是當事人另有約定的除外。
321	天然孳息，由所有權人取得；既有所有權人又有用益物權人的，由用益物權人取得。當事人另有約定的，按照其約定。

法定孳息，當事人有約定的，按照約定取得；沒有約定或者約定不明確的，按照交易習慣取得。

322　　因加工、附合、混合而產生的物的歸屬，有約定的，按照約定；沒有約定或者約定不明確的，依照法律規定；法律沒有規定的，按照充分發揮物的效用以及保護無過錯當事人的原則確定。因一方當事人的過錯或者確定物的歸屬造成另一方當事人損害的，應當給予賠償或者補償。

第三分編　用益物權

第十章　一般規定

323　　用益物權人對他人所有的不動產或者動產，依法享有佔有、使用和收益的權利。

324　　國家所有或者國家所有由集體使用以及法律規定屬於集體所有的自然資源，組織、個人依法可以佔有、使用和收益。

325　　國家實行自然資源有償使用制度，但是法律另有規定的除外。

326　　用益物權人行使權利，應當遵守法律有關保護和合理開發利用資源、保護生態環境的規定。所有權人不得干涉用益物權人行使權利。

327　　因不動產或者動產被徵收、徵用致使用益物權消滅或者影響用益物權行使的，用益物權人有權依據本法第二百四十三條、第二百四十五條的規定獲得相應補償。

328　　依法取得的海域使用權受法律保護。

329　　依法取得的探礦權、采礦權、取水權和使用水域、灘塗從事養殖、捕撈的權利受法律保護。

第十一章　土地承包經營權

330　　農村集體經濟組織實行家庭承包經營為基礎、統分

結合的雙層經營體制。

農民集體所有和國家所有由農民集體使用的耕地、林地、草地以及其他用於農業的土地，依法實行土地承包經營制度。

331 土地承包經營權人依法對其承包經營的耕地、林地、草地等享有佔有、使用和收益的權利，有權從事種植業、林業、畜牧業等農業生產。

332 耕地的承包期為三十年。草地的承包期為三十年至五十年。林地的承包期為三十年至七十年。

前款規定的承包期限屆滿，由土地承包經營權人依照農村土地承包的法律規定繼續承包。

333 土地承包經營權自土地承包經營權合同生效時設立。

登記機構應當向土地承包經營權人發放土地承包經營權證、林權證等證書，並登記造冊，確認土地承包經營權。

334 土地承包經營權人依照法律規定，有權將土地承包經營權互換、轉讓。未經依法批准，不得將承包地用於非農建設。

335 土地承包經營權互換、轉讓的，當事人可以向登記機構申請登記；未經登記，不得對抗善意第三人。

336 承包期內發包人不得調整承包地。

因自然災害嚴重毀損承包地等特殊情形，需要適當調整承包的耕地和草地的，應當依照農村土地承包的法律規定辦理。

337 承包期內發包人不得收回承包地。法律另有規定的，依照其規定。

338 承包地被徵收的，土地承包經營權人有權依據本法第二百四十三條的規定獲得相應補償。

339 土地承包經營權人可以自主決定依法採取出租、入股或者其他方式向他人流轉土地經營權。

340 土地經營權人有權在合同約定的期限內佔有農村土地，自主開展農業生產經營並取得收益。

341　　流轉期限為五年以上的土地經營權,自流轉合同生效時設立。當事人可以向登記機構申請土地經營權登記;未經登記,不得對抗善意第三人。

342　　通過招標、拍賣、公開協商等方式承包農村土地,經依法登記取得權屬證書的,可以依法採取出租、入股、抵押或者其他方式流轉土地經營權。

343　　國家所有的農用地實行承包經營的,參照適用本編的有關規定。

第十二章　建設用地使用權

344　　建設用地使用權人依法對國家所有的土地享有佔有、使用和收益的權利,有權利用該土地建造建築物、構築物及其附屬設施。

345　　建設用地使用權可以在土地的地表、地上或者地下分別設立。

346　　設立建設用地使用權,應當符合節約資源、保護生態環境的要求,遵守法律、行政法規關於土地用途的規定,不得損害已經設立的用益物權。

347　　設立建設用地使用權,可以採取出讓或者劃撥等方式。

　　工業、商業、旅遊、娛樂和商品住宅等經營性用地以及同一土地有兩個以上意向用地者的,應當採取招標、拍賣等公開競價的方式出讓。

　　嚴格限制以劃撥方式設立建設用地使用權。

348　　通過招標、拍賣、協議等出讓方式設立建設用地使用權的,當事人應當採用書面形式訂立建設用地使用權出讓合同。

　　建設用地使用權出讓合同一般包括下列條款:

　　(一)當事人的名稱和住所;

　　(二)土地界址、面積等;

　　(三)建築物、構築物及其附屬設施佔用的空間;

　　(四)土地用途、規劃條件;

　　(五)建設用地使用權期限;

（六）出讓金等費用及其支付方式；
（七）解決爭議的方法。

349　　設立建設用地使用權的，應當向登記機構申請建設用地使用權登記。建設用地使用權自登記時設立。登記機構應當向建設用地使用權人發放權屬證書。

350　　建設用地使用權人應當合理利用土地，不得改變土地用途；需要改變土地用途的，應當依法經有關行政主管部門批准。

351　　建設用地使用權人應當依照法律規定以及合同約定支付出讓金等費用。

352　　建設用地使用權人建造的建築物、構築物及其附屬設施的所有權屬於建設用地使用權人，但是有相反證據證明的除外。

353　　建設用地使用權人有權將建設用地使用權轉讓、互換、出資、贈與或者抵押，但是法律另有規定的除外。

354　　建設用地使用權轉讓、互換、出資、贈與或者抵押的，當事人應當採用書面形式訂立相應的合同。使用期限由當事人約定，但是不得超過建設用地使用權的剩餘期限。

355　　建設用地使用權轉讓、互換、出資或者贈與的，應當向登記機構申請變更登記。

356　　建設用地使用權轉讓、互換、出資或者贈與的，附著於該土地上的建築物、構築物及其附屬設施一併處分。

357　　建築物、構築物及其附屬設施轉讓、互換、出資或者贈與的，該建築物、構築物及其附屬設施佔用範圍內的建設用地使用權一併處分。

358　　建設用地使用權期限屆滿前，因公共利益需要提前收回該土地的，應當依據本法第二百四十三條的規定對該土地上的房屋以及其他不動產給予補償，並退還相應的出讓金。

359 　　住宅建設用地使用權期限屆滿的，自動續期。續期費用的繳納或者減免，依照法律、行政法規的規定辦理。

　　非住宅建設用地使用權期限屆滿後的續期，依照法律規定辦理。該土地上的房屋以及其他不動產的歸屬，有約定的，按照約定；沒有約定或者約定不明確的，依照法律、行政法規的規定辦理。

360 　　建設用地使用權消滅的，出讓人應當及時辦理註銷登記。登記機構應當收回權屬證書。

361 　　集體所有的土地作為建設用地的，應當依照土地管理的法律規定辦理。

第十三章　宅基地使用權

362 　　宅基地使用權人依法對集體所有的土地享有佔有和使用的權利，有權依法利用該土地建造住宅及其附屬設施。

363 　　宅基地使用權的取得、行使和轉讓，適用土地管理的法律和國家有關規定。

364 　　宅基地因自然災害等原因滅失的，宅基地使用權消滅。對失去宅基地的村民，應當依法重新分配宅基地。

365 　　已經登記的宅基地使用權轉讓或者消滅的，應當及時辦理變更登記或者註銷登記。

第十四章　居住權

366 　　居住權人有權按照合同約定，對他人的住宅享有佔有、使用的用益物權，以滿足生活居住的需要。

367 　　設立居住權，當事人應當採用書面形式訂立居住權合同。

　　居住權合同一般包括下列條款：

　　（一）當事人的姓名或者名稱和住所；

　　（二）住宅的位置；

　　（三）居住的條件和要求；

（四）居住權期限；

（五）解決爭議的方法。

368　　居住權無償設立，但是當事人另有約定的除外。設立居住權的，應當向登記機構申請居住權登記。居住權自登記時設立。

369　　居住權不得轉讓、繼承。設立居住權的住宅不得出租，但是當事人另有約定的除外。

370　　居住權期限屆滿或者居住權人死亡的，居住權消滅。居住權消滅的，應當及時辦理註銷登記。

371　　以遺囑方式設立居住權的，參照適用本章的有關規定。

第十五章　地役權

372　　地役權人有權按照合同約定，利用他人的不動產，以提高自己的不動產的效益。

　　前款所稱他人的不動產為供役地，自己的不動產為需役地。

373　　設立地役權，當事人應當採用書面形式訂立地役權合同。

　　地役權合同一般包括下列條款：

（一）當事人的姓名或者名稱和住所；

（二）供役地和需役地的位置；

（三）利用目的和方法；

（四）地役權期限；

（五）費用及其支付方式；

（六）解決爭議的方法。

374　　地役權自地役權合同生效時設立。當事人要求登記的，可以向登記機構申請地役權登記；未經登記，不得對抗善意第三人。

375　　供役地權利人應當按照合同約定，允許地役權人利用其不動產，不得妨害地役權人行使權利。

376　　地役權人應當按照合同約定的利用目的和方法利用供役地，盡量減少對供役地權利人物權的限制。

377 　　地役權期限由當事人約定；但是，不得超過土地承包經營權、建設用地使用權等用益物權的剩餘期限。

378 　　土地所有權人享有地役權或者負擔地役權的，設立土地承包經營權、宅基地使用權等用益物權時，該用益物權人繼續享有或者負擔已經設立的地役權。

379 　　土地上已經設立土地承包經營權、建設用地使用權、宅基地使用權等用益物權的，未經用益物權人同意，土地所有權人不得設立地役權。

380 　　地役權不得單獨轉讓。土地承包經營權、建設用地使用權等轉讓的，地役權一併轉讓，但是合同另有約定的除外。

381 　　地役權不得單獨抵押。土地經營權、建設用地使用權等抵押的，在實現抵押權時，地役權一併轉讓。

382 　　需役地以及需役地上的土地承包經營權、建設用地使用權等部分轉讓時，轉讓部分涉及地役權的，受讓人同時享有地役權。

383 　　供役地以及供役地上的土地承包經營權、建設用地使用權等部分轉讓時，轉讓部分涉及地役權的，地役權對受讓人具有法律約束力。

384 　　地役權人有下列情形之一的，供役地權利人有權解除地役權合同，地役權消滅：
　　（一）違反法律規定或者合同約定，濫用地役權；
　　（二）有償利用供役地，約定的付款期限屆滿後在合理期限內經兩次催告未支付費用。

385 　　已經登記的地役權變更、轉讓或者消滅的，應當及時辦理變更登記或者註銷登記。

第四分編　擔保物權

第十六章　一般規定

386 　　擔保物權人在債務人不履行到期債務或者發生當事人約定的實現擔保物權的情形，依法享有就擔保財產優

先受償的權利，但是法律另有規定的除外。

387　　債權人在借貸、買賣等民事活動中，為保障實現其債權，需要擔保的，可以依照本法和其他法律的規定設立擔保物權。

　　第三人為債務人向債權人提供擔保的，可以要求債務人提供反擔保。反擔保適用本法和其他法律的規定。

388　　設立擔保物權，應當依照本法和其他法律的規定訂立擔保合同。擔保合同包括抵押合同、質押合同和其他具有擔保功能的合同。擔保合同是主債權債務合同的從合同。主債權債務合同無效的，擔保合同無效，但是法律另有規定的除外。

　　擔保合同被確認無效後，債務人、擔保人、債權人有過錯的，應當根據其過錯各自承擔相應的民事責任。

389　　擔保物權的擔保範圍包括主債權及其利息、違約金、損害賠償金、保管擔保財產和實現擔保物權的費用。當事人另有約定的，按照其約定。

390　　擔保期間，擔保財產毀損、滅失或者被徵收等，擔保物權人可以就獲得的保險金、賠償金或者補償金等優先受償。被擔保債權的履行期限未屆滿的，也可以提存該保險金、賠償金或者補償金等。

391　　第三人提供擔保，未經其書面同意，債權人允許債務人轉移全部或者部分債務的，擔保人不再承擔相應的擔保責任。

392　　被擔保的債權既有物的擔保又有人的擔保的，債務人不履行到期債務或者發生當事人約定的實現擔保物權的情形，債權人應當按照約定實現債權；沒有約定或者約定不明確，債務人自己提供物的擔保的，債權人應當先就該物的擔保實現債權；第三人提供物的擔保的，債權人可以就物的擔保實現債權，也可以請求保證人承擔保證責任。提供擔保的第三人承擔擔保責任後，有權向債務人追償。

393　　有下列情形之一的，擔保物權消滅：
　　（一）主債權消滅；

（二）擔保物權實現；

（三）債權人放棄擔保物權；

（四）法律規定擔保物權消滅的其他情形。

第十七章　抵押權

第一節　一般抵押權

394　　為擔保債務的履行，債務人或者第三人不轉移財產的佔有，將該財產抵押給債權人的，債務人不履行到期債務或者發生當事人約定的實現抵押權的情形，債權人有權就該財產優先受償。

前款規定的債務人或者第三人為抵押人，債權人為抵押權人，提供擔保的財產為抵押財產。

395　　債務人或者第三人有權處分的下列財產可以抵押：

（一）建築物和其他土地附著物；

（二）建設用地使用權；

（三）海域使用權；

（四）生產設備、原材料、半成品、產品；

（五）正在建造的建築物、船舶、航空器；

（六）交通運輸工具；

（七）法律、行政法規未禁止抵押的其他財產。

抵押人可以將前款所列財產一併抵押。

396　　企業、個體工商戶、農業生產經營者可以將現有的以及將有的生產設備、原材料、半成品、產品抵押，債務人不履行到期債務或者發生當事人約定的實現抵押權的情形，債權人有權就抵押財產確定時的動產優先受償。

397　　以建築物抵押的，該建築物佔用範圍內的建設用地使用權一併抵押。以建設用地使用權抵押的，該土地上的建築物一併抵押。

抵押人未依據前款規定一併抵押的，未抵押的財產視為一併抵押。

398　　鄉鎮、村企業的建設用地使用權不得單獨抵押。以鄉鎮、村企業的廠房等建築物抵押的，其佔用範圍內的建設用地使用權一併抵押。

399　　　下列財產不得抵押：

　　（一）土地所有權；

　　（二）宅基地、自留地、自留山等集體所有土地的使用權，但是法律規定可以抵押的除外；

　　（三）學校、幼兒園、醫療機構等為公益目的成立的非營利法人的教育設施、醫療衛生設施和其他公益設施；

　　（四）所有權、使用權不明或者有爭議的財產；

　　（五）依法被查封、扣押、監管的財產；

　　（六）法律、行政法規規定不得抵押的其他財產。

400　　　設立抵押權，當事人應當採用書面形式訂立抵押合同。

　　抵押合同一般包括下列條款：

　　（一）被擔保債權的種類和數額；

　　（二）債務人履行債務的期限；

　　（三）抵押財產的名稱、數量等情況；

　　（四）擔保的範圍。

401　　　抵押權人在債務履行期限屆滿前，與抵押人約定債務人不履行到期債務時抵押財產歸債權人所有的，只能依法就抵押財產優先受償。

402　　　以本法第三百九十五條第一款第一項至第三項規定的財產或者第五項規定的正在建造的建築物抵押的，應當辦理抵押登記。抵押權自登記時設立。

403　　　以動產抵押的，抵押權自抵押合同生效時設立；未經登記，不得對抗善意第三人。

404　　　以動產抵押的，不得對抗正常經營活動中已經支付合理價款並取得抵押財產的買受人。

405　　　抵押權設立前，抵押財產已經出租並轉移佔有的，原租賃關係不受該抵押權的影響。

406　　　抵押期間，抵押人可以轉讓抵押財產。當事人另有約定的，按照其約定。抵押財產轉讓的，抵押權不受影響。

　　抵押人轉讓抵押財產的，應當及時通知抵押權人。抵押權人能夠證明抵押財產轉讓可能損害抵押權的，可以請求抵押人將轉讓所得的價款向抵押權人提前清償債

務或者提存。轉讓的價款超過債權數額的部分歸抵押人所有，不足部分由債務人清償。

407　　　抵押權不得與債權分離而單獨轉讓或者作為其他債權的擔保。債權轉讓的，擔保該債權的抵押權一併轉讓，但是法律另有規定或者當事人另有約定的除外。

408　　　抵押人的行為足以使抵押財產價值減少的，抵押權人有權請求抵押人停止其行為；抵押財產價值減少的，抵押權人有權請求恢復抵押財產的價值，或者提供與減少的價值相應的擔保。抵押人不恢復抵押財產的價值，也不提供擔保的，抵押權人有權請求債務人提前清償債務。

409　　　抵押權人可以放棄抵押權或者抵押權的順位。抵押權人與抵押人可以協議變更抵押權順位以及被擔保的債權數額等內容。但是，抵押權的變更未經其他抵押權人書面同意的，不得對其他抵押權人產生不利影響。

　　　債務人以自己的財產設定抵押，抵押權人放棄該抵押權、抵押權順位或者變更抵押權的，其他擔保人在抵押權人喪失優先受償權益的範圍內免除擔保責任，但是其他擔保人承諾仍然提供擔保的除外。

410　　　債務人不履行到期債務或者發生當事人約定的實現抵押權的情形，抵押權人可以與抵押人協議以抵押財產折價或者以拍賣、變賣該抵押財產所得的價款優先受償。協議損害其他債權人利益的，其他債權人可以請求人民法院撤銷該協議。

　　　抵押權人與抵押人未就抵押權實現方式達成協議的，抵押權人可以請求人民法院拍賣、變賣抵押財產。

　　　抵押財產折價或者變賣的，應當參照市場價格。

411　　　依據本法第三百九十六條規定設定抵押的，抵押財產自下列情形之一發生時確定：

　　　（一）債務履行期限屆滿，債權未實現；

　　　（二）抵押人被宣告破產或者解散；

　　　（三）當事人約定的實現抵押權的情形；

　　　（四）嚴重影響債權實現的其他情形。

412　　　債務人不履行到期債務或者發生當事人約定的實現抵押權的情形，致使抵押財產被人民法院依法扣押的，

自扣押之日起，抵押權人有權收取該抵押財產的天然孳息或者法定孳息，但是抵押權人未通知應當清償法定孳息義務人的除外。

前款規定的孳息應當先充抵收取孳息的費用。

413 　　抵押財產折價或者拍賣、變賣後，其價款超過債權數額的部分歸抵押人所有，不足部分由債務人清償。

414 　　同一財產向兩個以上債權人抵押的，拍賣、變賣抵押財產所得的價款依照下列規定清償：

　　（一）抵押權已經登記的，按照登記的時間先後確定清償順序；

　　（二）抵押權已經登記的先於未登記的受償；

　　（三）抵押權未登記的，按照債權比例清償。

　　其他可以登記的擔保物權，清償順序參照適用前款規定。

415 　　同一財產既設立抵押權又設立質權的，拍賣、變賣該財產所得的價款按照登記、交付的時間先後確定清償順序。

416 　　動產抵押擔保的主債權是抵押物的價款，標的物交付後十日內辦理抵押登記的，該抵押權人優先於抵押物買受人的其他擔保物權人受償，但是留置權人除外。

417 　　建設用地使用權抵押後，該土地上新增的建築物不屬於抵押財產。該建設用地使用權實現抵押權時，應當將該土地上新增的建築物與建設用地使用權一併處分。但是，新增建築物所得的價款，抵押權人無權優先受償。

418 　　以集體所有土地的使用權依法抵押的，實現抵押權後，未經法定程序，不得改變土地所有權的性質和土地用途。

419 　　抵押權人應當在主債權訴訟時效期間行使抵押權；未行使的，人民法院不予保護。

第二節　最高額抵押權

420 　　為擔保債務的履行，債務人或者第三人對一定期間內將要連續發生的債權提供擔保財產的，債務人不履行

到期債務或者發生當事人約定的實現抵押權的情形，抵押權人有權在最高債權額限度內就該擔保財產優先受償。

最高額抵押權設立前已經存在的債權，經當事人同意，可以轉入最高額抵押擔保的債權範圍。

421　　最高額抵押擔保的債權確定前，部分債權轉讓的，最高額抵押權不得轉讓，但是當事人另有約定的除外。

422　　最高額抵押擔保的債權確定前，抵押權人與抵押人可以通過協議變更債權確定的期間、債權範圍以及最高債權額。但是，變更的內容不得對其他抵押權人產生不利影響。

423　　有下列情形之一的，抵押權人的債權確定：

（一）約定的債權確定期間屆滿；

（二）沒有約定債權確定期間或者約定不明確，抵押權人或者抵押人自最高額抵押權設立之日起滿二年後請求確定債權；

（三）新的債權不可能發生；

（四）抵押權人知道或者應當知道抵押財產被查封、扣押；

（五）債務人、抵押人被宣告破產或者解散；

（六）法律規定債權確定的其他情形。

424　　最高額抵押權除適用本節規定外，適用本章第一節的有關規定。

第十八章　質權

第一節　動產質權

425　　為擔保債務的履行，債務人或者第三人將其動產出質給債權人佔有的，債務人不履行到期債務或者發生當事人約定的實現質權的情形，債權人有權就該動產優先受償。

前款規定的債務人或者第三人為出質人，債權人為質權人，交付的動產為質押財產。

426　　法律、行政法規禁止轉讓的動產不得出質。

427　　　設立質權，當事人應當採用書面形式訂立質押合同。
質押合同一般包括下列條款：
（一）被擔保債權的種類和數額；
（二）債務人履行債務的期限；
（三）質押財產的名稱、數量等情況；
（四）擔保的範圍；
（五）質押財產交付的時間、方式。

428　　　質權人在債務履行期限屆滿前，與出質人約定債務人不履行到期債務時質押財產歸債權人所有的，只能依法就質押財產優先受償。

429　　　質權自出質人交付質押財產時設立。

430　　　質權人有權收取質押財產的孳息，但是合同另有約定的除外。
前款規定的孳息應當先充抵收取孳息的費用。

431　　　質權人在質權存續期間，未經出質人同意，擅自使用、處分質押財產，造成出質人損害的，應當承擔賠償責任。

432　　　質權人負有妥善保管質押財產的義務；因保管不善致使質押財產毀損、滅失的，應當承擔賠償責任。
質權人的行為可能使質押財產毀損、滅失的，出質人可以請求質權人將質押財產提存，或者請求提前清償債務並返還質押財產。

433　　　因不可歸責於質權人的事由可能使質押財產毀損或者價值明顯減少，足以危害質權人權利的，質權人有權請求出質人提供相應的擔保；出質人不提供的，質權人可以拍賣、變賣質押財產，並與出質人協議將拍賣、變賣所得的價款提前清償債務或者提存。

434　　　質權人在質權存續期間，未經出質人同意轉質，造成質押財產毀損、滅失的，應當承擔賠償責任。

435　　　質權人可以放棄質權。債務人以自己的財產出質，質權人放棄該質權的，其他擔保人在質權人喪失優先受償權益的範圍內免除擔保責任，但是其他擔保人承諾仍然提供擔保的除外。

436　　　　債務人履行債務或者出質人提前清償所擔保的債權的，質權人應當返還質押財產。

　　　　債務人不履行到期債務或者發生當事人約定的實現質權的情形，質權人可以與出質人協議以質押財產折價，也可以就拍賣、變賣質押財產所得的價款優先受償。

　　　　質押財產折價或者變賣的，應當參照市場價格。

437　　　　出質人可以請求質權人在債務履行期限屆滿後及時行使質權；質權人不行使的，出質人可以請求人民法院拍賣、變賣質押財產。

　　　　出質人請求質權人及時行使質權，因質權人怠於行使權利造成出質人損害的，由質權人承擔賠償責任。

438　　　　質押財產折價或者拍賣、變賣後，其價款超過債權數額的部分歸出質人所有，不足部分由債務人清償。

439　　　　出質人與質權人可以協議設立最高額質權。

　　　　最高額質權除適用本節有關規定外，參照適用本編第十七章第二節的有關規定。

第二節　權利質權

440　　　　債務人或者第三人有權處分的下列權利可以出質：

　　　　（一）匯票、本票、支票；

　　　　（二）債券、存款單；

　　　　（三）倉單、提單；

　　　　（四）可以轉讓的基金份額、股權；

　　　　（五）可以轉讓的註冊商標專用權、專利權、著作權等知識產權中的財產權；

　　　　（六）現有的以及將有的應收賬款；

　　　　（七）法律、行政法規規定可以出質的其他財產權利。

441　　　　以匯票、本票、支票、債券、存款單、倉單、提單出質的，質權自權利憑證交付質權人時設立；沒有權利憑證的，質權自辦理出質登記時設立。法律另有規定的，依照其規定。

442　　　　匯票、本票、支票、債券、存款單、倉單、提單的兌現日期或者提貨日期先於主債權到期的，質權人可以兌現或者提貨，並與出質人協議將兌現的價款或者提取

的貨物提前清償債務或者提存。

443　　以基金份額、股權出質的，質權自辦理出質登記時設立。

　　基金份額、股權出質後，不得轉讓，但是出質人與質權人協商同意的除外。出質人轉讓基金份額、股權所得的價款，應當向質權人提前清償債務或者提存。

444　　以註冊商標專用權、專利權、著作權等知識產權中的財產權出質的，質權自辦理出質登記時設立。

　　知識產權中的財產權出質後，出質人不得轉讓或者許可他人使用，但是出質人與質權人協商同意的除外。出質人轉讓或者許可他人使用出質的知識產權中的財產權所得的價款，應當向質權人提前清償債務或者提存。

445　　以應收賬款出質的，質權自辦理出質登記時設立。

　　應收賬款出質後，不得轉讓，但是出質人與質權人協商同意的除外。出質人轉讓應收賬款所得的價款，應當向質權人提前清償債務或者提存。

446　　權利質權除適用本節規定外，適用本章第一節的有關規定。

第十九章　留置權

447　　債務人不履行到期債務，債權人可以留置已經合法佔有的債務人的動產，並有權就該動產優先受償。

　　前款規定的債權人為留置權人，佔有的動產為留置財產。

448　　債權人留置的動產，應當與債權屬於同一法律關係，但是企業之間留置的除外。

449　　法律規定或者當事人約定不得留置的動產，不得留置。

450　　留置財產為可分物的，留置財產的價值應當相當於債務的金額。

451　　留置權人負有妥善保管留置財產的義務；因保管不善致使留置財產毀損、滅失的，應當承擔賠償責任。

452	留置權人有權收取留置財產的孳息。
	前款規定的孳息應當先充抵收取孳息的費用。
453	留置權人與債務人應當約定留置財產後的債務履行期限；沒有約定或者約定不明確的，留置權人應當給債務人六十日以上履行債務的期限，但是鮮活易腐等不易保管的動產除外。債務人逾期未履行的，留置權人可以與債務人協議以留置財產折價，也可以就拍賣、變賣留置財產所得的價款優先受償。
	留置財產折價或者變賣的，應當參照市場價格。
454	債務人可以請求留置權人在債務履行期限屆滿後行使留置權；留置權人不行使的，債務人可以請求人民法院拍賣、變賣留置財產。
455	留置財產折價或者拍賣、變賣後，其價款超過債權數額的部分歸債務人所有，不足部分由債務人清償。
456	同一動產上已經設立抵押權或者質權，該動產又被留置的，留置權人優先受償。
457	留置權人對留置財產喪失佔有或者留置權人接受債務人另行提供擔保的，留置權消滅。

第五分編　佔有

第二十章　佔有

458	基於合同關係等產生的佔有，有關不動產或者動產的使用、收益、違約責任等，按照合同約定；合同沒有約定或者約定不明確的，依照有關法律規定。
459	佔有人因使用佔有的不動產或者動產，致使該不動產或者動產受到損害的，惡意佔有人應當承擔賠償責任。
460	不動產或者動產被佔有人佔有的，權利人可以請求返還原物及其孳息；但是，應當支付善意佔有人因維護該不動產或者動產支出的必要費用。

461 　　佔有的不動產或者動產毀損、滅失，該不動產或者動產的權利人請求賠償的，佔有人應當將因毀損、滅失取得的保險金、賠償金或者補償金等返還給權利人；權利人的損害未得到足夠彌補的，惡意佔有人還應當賠償損失。

462 　　佔有的不動產或者動產被侵佔的，佔有人有權請求返還原物；對妨害佔有的行為，佔有人有權請求排除妨害或者消除危險；因侵佔或者妨害造成損害的，佔有人有權依法請求損害賠償。

　　佔有人返還原物的請求權，自侵佔發生之日起一年內未行使的，該請求權消滅。

第三編

合　同

第一分編　通則

第一章　一般規定

463　　本編調整因合同產生的民事關係。

464　　合同是民事主體之間設立、變更、終止民事法律關係的協議。

　　婚姻、收養、監護等有關身份關係的協議，適用有關該身份關係的法律規定；沒有規定的，可以根據其性質參照適用本編規定。

465　　依法成立的合同，受法律保護。

　　依法成立的合同，僅對當事人具有法律約束力，但是法律另有規定的除外。

466　　當事人對合同條款的理解有爭議的，應當依據本法第一百四十二條第一款的規定，確定爭議條款的含義。

　　合同文本採用兩種以上文字訂立並約定具有同等效力的，對各文本使用的詞句推定具有相同含義。各文本使用的詞句不一致的，應當根據合同的相關條款、性質、目的以及誠信原則等予以解釋。

467　　本法或者其他法律沒有明文規定的合同，適用本編通則的規定，並可以參照適用本編或者其他法律最相類似合同的規定。

　　在中華人民共和國境內履行的中外合資經營企業合同、中外合作經營企業合同、中外合作勘探開發自然資源合同，適用中華人民共和國法律。

468　　非因合同產生的債權債務關係，適用有關該債權債務關係的法律規定；沒有規定的，適用本編通則的有關規定，但是根據其性質不能適用的除外。

第二章　合同的訂立

469　　當事人訂立合同，可以採用書面形式、口頭形式或者其他形式。

　　書面形式是合同書、信件、電報、電傳、傳真等可

以有形地表現所載內容的形式。

以電子數據交換、電子郵件等方式能夠有形地表現所載內容，並可以隨時調取查用的數據電文，視為書面形式。

470　　合同的內容由當事人約定，一般包括下列條款：

（一）當事人的姓名或者名稱和住所；

（二）標的；

（三）數量；

（四）質量；

（五）價款或者報酬；

（六）履行期限、地點和方式；

（七）違約責任；

（八）解決爭議的方法。

當事人可以參照各類合同的示範文本訂立合同。

471　　當事人訂立合同，可以採取要約、承諾方式或者其他方式。

472　　要約是希望與他人訂立合同的意思表示，該意思表示應當符合下列條件：

（一）內容具體確定；

（二）表明經受要約人承諾，要約人即受該意思表示約束。

473　　要約邀請是希望他人向自己發出要約的表示。拍賣公告、招股公告、招募說明書、債券募集辦法、基金招募說明書、商業廣告和宣傳、寄送的價目表等為要約邀請。

商業廣告和宣傳的內容符合要約條件的，構成要約。

474　　要約生效的時間適用本法第一百三十七條的規定。

475　　要約可以撤回。要約的撤回適用本法第一百四十一條的規定。

476　　要約可以撤銷，但是有下列情形之一的除外：

（一）要約人以確定承諾期限或者其他形式明示要約不可撤銷；

（二）受要約人有理由認為要約是不可撤銷的，並已經為履行合同做了合理準備工作。

477　　　　撤銷要約的意思表示以對話方式作出的，該意思表示的內容應當在受要約人作出承諾之前為受要約人所知道；撤銷要約的意思表示以非對話方式作出的，應當在受要約人作出承諾之前到達受要約人。

478　　　　有下列情形之一的，要約失效：
　　　　（一）要約被拒絕；
　　　　（二）要約被依法撤銷；
　　　　（三）承諾期限屆滿，受要約人未作出承諾；
　　　　（四）受要約人對要約的內容作出實質性變更。

479　　　　承諾是受要約人同意要約的意思表示。

480　　　　承諾應當以通知的方式作出；但是，根據交易習慣或者要約表明可以通過行為作出承諾的除外。

481　　　　承諾應當在要約確定的期限內到達要約人。
　　　　要約沒有確定承諾期限的，承諾應當依照下列規定到達：
　　　　（一）要約以對話方式作出的，應當即時作出承諾；
　　　　（二）要約以非對話方式作出的，承諾應當在合理期限內到達。

482　　　　要約以信件或者電報作出的，承諾期限自信件載明的日期或者電報交發之日開始計算。信件未載明日期的，自投寄該信件的郵戳日期開始計算。要約以電話、傳真、電子郵件等快速通訊方式作出的，承諾期限自要約到達受要約人時開始計算。

483　　　　承諾生效時合同成立，但是法律另有規定或者當事人另有約定的除外。

484　　　　以通知方式作出的承諾，生效的時間適用本法第一百三十七條的規定。
　　　　承諾不需要通知的，根據交易習慣或者要約的要求作出承諾的行為時生效。

485　　　　承諾可以撤回。承諾的撤回適用本法第一百四十一條的規定。

486　　　　受要約人超過承諾期限發出承諾，或者在承諾期限內

發出承諾，按照通常情形不能及時到達要約人的，為新要約；但是，要約人及時通知受要約人該承諾有效的除外。

487　　受要約人在承諾期限內發出承諾，按照通常情形能夠及時到達要約人，但是因其他原因致使承諾到達要約人時超過承諾期限的，除要約人及時通知受要約人因承諾超過期限不接受該承諾外，該承諾有效。

488　　承諾的內容應當與要約的內容一致。受要約人對要約的內容作出實質性變更的，為新要約。有關合同標的、數量、質量、價款或者報酬、履行期限、履行地點和方式、違約責任和解決爭議方法等的變更，是對要約內容的實質性變更。

489　　承諾對要約的內容作出非實質性變更的，除要約人及時表示反對或者要約表明承諾不得對要約的內容作出任何變更外，該承諾有效，合同的內容以承諾的內容為準。

490　　當事人採用合同書形式訂立合同的，自當事人均簽名、蓋章或者按指印時合同成立。在簽名、蓋章或者按指印之前，當事人一方已經履行主要義務，對方接受時，該合同成立。

　　法律、行政法規規定或者當事人約定合同應當採用書面形式訂立，當事人未採用書面形式但是一方已經履行主要義務，對方接受時，該合同成立。

491　　當事人採用信件、數據電文等形式訂立合同要求簽訂確認書的，簽訂確認書時合同成立。

　　當事人一方通過互聯網等信息網絡發佈的商品或者服務信息符合要約條件的，對方選擇該商品或者服務並提交訂單成功時合同成立，但是當事人另有約定的除外。

492　　承諾生效的地點為合同成立的地點。

　　採用數據電文形式訂立合同的，收件人的主營業地為合同成立的地點；沒有主營業地的，其住所地為合同成立的地點。當事人另有約定的，按照其約定。

493　　當事人採用合同書形式訂立合同的，最後簽名、蓋章或者按指印的地點為合同成立的地點，但是當事人另有約定的除外。

494 　　國家根據搶險救災、疫情防控或者其他需要下達國家訂貨任務、指令性任務的，有關民事主體之間應當依照有關法律、行政法規規定的權利和義務訂立合同。

　　依照法律、行政法規的規定負有發出要約義務的當事人，應當及時發出合理的要約。

　　依照法律、行政法規的規定負有作出承諾義務的當事人，不得拒絕對方合理的訂立合同要求。

495 　　當事人約定在將來一定期限內訂立合同的認購書、訂購書、預訂書等，構成預約合同。

　　當事人一方不履行預約合同約定的訂立合同義務的，對方可以請求其承擔預約合同的違約責任。

496 　　格式條款是當事人為了重複使用而預先擬定，並在訂立合同時未與對方協商的條款。

　　採用格式條款訂立合同的，提供格式條款的一方應當遵循公平原則確定當事人之間的權利和義務，並採取合理的方式提示對方注意免除或者減輕其責任等與對方有重大利害關係的條款，按照對方的要求，對該條款予以説明。提供格式條款的一方未履行提示或者説明義務，致使對方沒有注意或者理解與其有重大利害關係的條款的，對方可以主張該條款不成為合同的內容。

497 　　有下列情形之一的，該格式條款無效：

　　（一）具有本法第一編第六章第三節和本法第五百零六條規定的無效情形；

　　（二）提供格式條款一方不合理地免除或者減輕其責任、加重對方責任、限制對方主要權利；

　　（三）提供格式條款一方排除對方主要權利。

498 　　對格式條款的理解發生爭議的，應當按照通常理解予以解釋。對格式條款有兩種以上解釋的，應當作出不利於提供格式條款一方的解釋。格式條款和非格式條款不一致的，應當採用非格式條款。

499 　　懸賞人以公開方式聲明對完成特定行為的人支付報酬的，完成該行為的人可以請求其支付。

500 　　當事人在訂立合同過程中有下列情形之一，造成對方損失的，應當承擔賠償責任：

（一）假藉訂立合同，惡意進行磋商；

（二）故意隱瞞與訂立合同有關的重要事實或者提供虛假情況；

（三）有其他違背誠信原則的行為。

501 當事人在訂立合同過程中知悉的商業秘密或者其他應當保密的信息，無論合同是否成立，不得洩露或者不正當地使用；洩露、不正當地使用該商業秘密或者信息，造成對方損失的，應當承擔賠償責任。

第三章　合同的效力

502 依法成立的合同，自成立時生效，但是法律另有規定或者當事人另有約定的除外。

依照法律、行政法規的規定，合同應當辦理批准等手續的，依照其規定。未辦理批准等手續影響合同生效的，不影響合同中履行報批等義務條款以及相關條款的效力。應當辦理申請批准等手續的當事人未履行義務的，對方可以請求其承擔違反該義務的責任。

依照法律、行政法規的規定，合同的變更、轉讓、解除等情形應當辦理批准等手續的，適用前款規定。

503 無權代理人以被代理人的名義訂立合同，被代理人已經開始履行合同義務或者接受相對人履行的，視為對合同的追認。

504 法人的法定代表人或者非法人組織的負責人超越權限訂立的合同，除相對人知道或者應當知道其超越權限外，該代表行為有效，訂立的合同對法人或者非法人組織發生效力。

505 當事人超越經營範圍訂立的合同的效力，應當依照本法第一編第六章第三節和本編的有關規定確定，不得僅以超越經營範圍確認合同無效。

506 合同中的下列免責條款無效：

（一）造成對方人身損害的；

（二）因故意或者重大過失造成對方財產損失的。

507 合同不生效、無效、被撤銷或者終止的，不影響合

同中有關解決爭議方法的條款的效力。

508　　本編對合同的效力沒有規定的，適用本法第一編第六章的有關規定。

第四章　合同的履行

509　　當事人應當按照約定全面履行自己的義務。

　　當事人應當遵循誠信原則，根據合同的性質、目的和交易習慣履行通知、協助、保密等義務。

　　當事人在履行合同過程中，應當避免浪費資源、污染環境和破壞生態。

510　　合同生效後，當事人就質量、價款或者報酬、履行地點等內容沒有約定或者約定不明確的，可以協議補充；不能達成補充協議的，按照合同相關條款或者交易習慣確定。

511　　當事人就有關合同內容約定不明確，依據前條規定仍不能確定的，適用下列規定：

　　（一）質量要求不明確的，按照強制性國家標準履行；沒有強制性國家標準的，按照推薦性國家標準履行；沒有推薦性國家標準的，按照行業標準履行；沒有國家標準、行業標準的，按照通常標準或者符合合同目的的特定標準履行。

　　（二）價款或者報酬不明確的，按照訂立合同時履行地的市場價格履行；依法應當執行政府定價或者政府指導價的，依照規定履行。

　　（三）履行地點不明確，給付貨幣的，在接受貨幣一方所在地履行；交付不動產的，在不動產所在地履行；其他標的，在履行義務一方所在地履行。

　　（四）履行期限不明確的，債務人可以隨時履行，債權人也可以隨時請求履行，但是應當給對方必要的準備時間。

　　（五）履行方式不明確的，按照有利於實現合同目的的方式履行。

　　（六）履行費用的負擔不明確的，由履行義務一方負擔；因債權人原因增加的履行費用，由債權人負擔。

512　　通過互聯網等信息網絡訂立的電子合同的標的為交付商品並採用快遞物流方式交付的，收貨人的簽收時間為交付時間。電子合同的標的為提供服務的，生成的電子憑證或者實物憑證中載明的時間為提供服務時間；前述憑證沒有載明時間或者載明時間與實際提供服務時間不一致的，以實際提供服務的時間為準。

電子合同的標的物為採用在線傳輸方式交付的，合同標的物進入對方當事人指定的特定系統且能夠檢索識別的時間為交付時間。

電子合同當事人對交付商品或者提供服務的方式、時間另有約定的，按照其約定。

513　　執行政府定價或者政府指導價的，在合同約定的交付期限內政府價格調整時，按照交付時的價格計價。逾期交付標的物的，遇價格上漲時，按照原價格執行；價格下降時，按照新價格執行。逾期提取標的物或者逾期付款的，遇價格上漲時，按照新價格執行；價格下降時，按照原價格執行。

514　　以支付金錢為內容的債，除法律另有規定或者當事人另有約定外，債權人可以請求債務人以實際履行地的法定貨幣履行。

515　　標的有多項而債務人只需履行其中一項的，債務人享有選擇權；但是，法律另有規定、當事人另有約定或者另有交易習慣的除外。

享有選擇權的當事人在約定期限內或者履行期限屆滿未作選擇，經催告後在合理期限內仍未選擇的，選擇權轉移至對方。

516　　當事人行使選擇權應當及時通知對方，通知到達對方時，標的確定。標的確定後不得變更，但是經對方同意的除外。

可選擇的標的發生不能履行情形的，享有選擇權的當事人不得選擇不能履行的標的，但是該不能履行的情形是由對方造成的除外。

517　　債權人為二人以上，標的可分，按照份額各自享有債權的，為按份債權；債務人為二人以上，標的可分，

按照份額各自負擔債務的，為按份債務。

按份債權人或者按份債務人的份額難以確定的，視為份額相同。

518　債權人為二人以上，部分或者全部債權人均可以請求債務人履行債務的，為連帶債權；債務人為二人以上，債權人可以請求部分或者全部債務人履行全部債務的，為連帶債務。

連帶債權或者連帶債務，由法律規定或者當事人約定。

519　連帶債務人之間的份額難以確定的，視為份額相同。

實際承擔債務超過自己份額的連帶債務人，有權就超出部分在其他連帶債務人未履行的份額範圍內向其追償，並相應地享有債權人的權利，但是不得損害債權人的利益。其他連帶債務人對債權人的抗辯，可以向該債務人主張。

被追償的連帶債務人不能履行其應分擔份額的，其他連帶債務人應當在相應範圍內按比例分擔。

520　部分連帶債務人履行、抵銷債務或者提存標的物的，其他債務人對債權人的債務在相應範圍內消滅；該債務人可以依據前條規定向其他債務人追償。

部分連帶債務人的債務被債權人免除的，在該連帶債務人應當承擔的份額範圍內，其他債務人對債權人的債務消滅。

部分連帶債務人的債務與債權人的債權同歸於一人的，在扣除該債務人應當承擔的份額後，債權人對其他債務人的債權繼續存在。

債權人對部分連帶債務人的給付受領遲延的，對其他連帶債務人發生效力。

521　連帶債權人之間的份額難以確定的，視為份額相同。

實際受領債權的連帶債權人，應當按比例向其他連帶債權人返還。

連帶債權參照適用本章連帶債務的有關規定。

522　當事人約定由債務人向第三人履行債務，債務人未向第三人履行債務或者履行債務不符合約定的，應當向債權人承擔違約責任。

法律規定或者當事人約定第三人可以直接請求債務人向其履行債務，第三人未在合理期限內明確拒絕，債務人未向第三人履行債務或者履行債務不符合約定的，第三人可以請求債務人承擔違約責任；債務人對債權人的抗辯，可以向第三人主張。

523 　　當事人約定由第三人向債權人履行債務，第三人不履行債務或者履行債務不符合約定的，債務人應當向債權人承擔違約責任。

524 　　債務人不履行債務，第三人對履行該債務具有合法利益的，第三人有權向債權人代為履行；但是，根據債務性質、按照當事人約定或者依照法律規定只能由債務人履行的除外。

　　債權人接受第三人履行後，其對債務人的債權轉讓給第三人，但是債務人和第三人另有約定的除外。

525 　　當事人互負債務，沒有先後履行順序的，應當同時履行。一方在對方履行之前有權拒絕其履行請求。一方在對方履行債務不符合約定時，有權拒絕其相應的履行請求。

526 　　當事人互負債務，有先後履行順序，應當先履行債務一方未履行的，後履行一方有權拒絕其履行請求。先履行一方履行債務不符合約定的，後履行一方有權拒絕其相應的履行請求。

527 　　應當先履行債務的當事人，有確切證據證明對方有下列情形之一的，可以中止履行：

（一）經營狀況嚴重惡化；

（二）轉移財產、抽逃資金，以逃避債務；

（三）喪失商業信譽；

（四）有喪失或者可能喪失履行債務能力的其他情形。

　　當事人沒有確切證據中止履行的，應當承擔違約責任。

528 　　當事人依據前條規定中止履行的，應當及時通知對方。對方提供適當擔保的，應當恢復履行。中止履行後，對方在合理期限內未恢復履行能力且未提供適當擔保的，視為以自己的行為表明不履行主要債務，中止履行的一方可以解除合同並可以請求對方承擔違約責任。

529 　　債權人分立、合併或者變更住所沒有通知債務人，致使履行債務發生困難的，債務人可以中止履行或者將標的物提存。

530 　　債權人可以拒絕債務人提前履行債務，但是提前履行不損害債權人利益的除外。
　　債務人提前履行債務給債權人增加的費用，由債務人負擔。

531 　　債權人可以拒絕債務人部分履行債務，但是部分履行不損害債權人利益的除外。
　　債務人部分履行債務給債權人增加的費用，由債務人負擔。

532 　　合同生效後，當事人不得因姓名、名稱的變更或者法定代表人、負責人、承辦人的變動而不履行合同義務。

533 　　合同成立後，合同的基礎條件發生了當事人在訂立合同時無法預見的、不屬於商業風險的重大變化，繼續履行合同對於當事人一方明顯不公平的，受不利影響的當事人可以與對方重新協商；在合理期限內協商不成的，當事人可以請求人民法院或者仲裁機構變更或者解除合同。
　　人民法院或者仲裁機構應當結合案件的實際情況，根據公平原則變更或者解除合同。

534 　　對當事人利用合同實施危害國家利益、社會公共利益行為的，市場監督管理和其他有關行政主管部門依照法律、行政法規的規定負責監督處理。

第五章　　合同的保全

535 　　因債務人怠於行使其債權或者與該債權有關的從權利，影響債權人的到期債權實現的，債權人可以向人民法院請求以自己的名義代位行使債務人對相對人的權利，但是該權利專屬於債務人自身的除外。
　　代位權的行使範圍以債權人的到期債權為限。債權人行使代位權的必要費用，由債務人負擔。
　　相對人對債務人的抗辯，可以向債權人主張。

536　　　債權人的債權到期前，債務人的債權或者與該債權有關的從權利存在訴訟時效期間即將屆滿或者未及時申報破產債權等情形，影響債權人的債權實現的，債權人可以代位向債務人的相對人請求其向債務人履行、向破產管理人申報或者作出其他必要的行為。

537　　　人民法院認定代位權成立的，由債務人的相對人向債權人履行義務，債權人接受履行後，債權人與債務人、債務人與相對人之間相應的權利義務終止。債務人對相對人的債權或者與該債權有關的從權利被採取保全、執行措施，或者債務人破產的，依照相關法律的規定處理。

538　　　債務人以放棄其債權、放棄債權擔保、無償轉讓財產等方式無償處分財產權益，或者惡意延長其到期債權的履行期限，影響債權人的債權實現的，債權人可以請求人民法院撤銷債務人的行為。

539　　　債務人以明顯不合理的低價轉讓財產、以明顯不合理的高價受讓他人財產或者為他人的債務提供擔保，影響債權人的債權實現，債務人的相對人知道或者應當知道該情形的，債權人可以請求人民法院撤銷債務人的行為。

540　　　撤銷權的行使範圍以債權人的債權為限。債權人行使撤銷權的必要費用，由債務人負擔。

541　　　撤銷權自債權人知道或者應當知道撤銷事由之日起一年內行使。自債務人的行為發生之日起五年內沒有行使撤銷權的，該撤銷權消滅。

542　　　債務人影響債權人的債權實現的行為被撤銷的，自始沒有法律約束力。

第六章　　合同的變更和轉讓

543　　　當事人協商一致，可以變更合同。

544　　　當事人對合同變更的內容約定不明確的，推定為未變更。

545 債權人可以將債權的全部或者部分轉讓給第三人，但是有下列情形之一的除外：

（一）根據債權性質不得轉讓；

（二）按照當事人約定不得轉讓；

（三）依照法律規定不得轉讓。

當事人約定非金錢債權不得轉讓的，不得對抗善意第三人。當事人約定金錢債權不得轉讓的，不得對抗第三人。

546 債權人轉讓債權，未通知債務人的，該轉讓對債務人不發生效力。

債權轉讓的通知不得撤銷，但是經受讓人同意的除外。

547 債權人轉讓債權的，受讓人取得與債權有關的從權利，但是該從權利專屬於債權人自身的除外。

受讓人取得從權利不因從權利未辦理轉移登記手續或者未轉移佔有而受到影響。

548 債務人接到債權轉讓通知後，債務人對讓與人的抗辯，可以向受讓人主張。

549 有下列情形之一的，債務人可以向受讓人主張抵銷：

（一）債務人接到債權轉讓通知時，債務人對讓與人享有債權，且債務人的債權先於轉讓的債權到期或者同時到期；

（二）債務人的債權與轉讓的債權是基於同一合同產生。

550 因債權轉讓增加的履行費用，由讓與人負擔。

551 債務人將債務的全部或者部分轉移給第三人的，應當經債權人同意。

債務人或者第三人可以催告債權人在合理期限內予以同意，債權人未作表示的，視為不同意。

552 第三人與債務人約定加入債務並通知債權人，或者第三人向債權人表示願意加入債務，債權人未在合理期限內明確拒絕的，債權人可以請求第三人在其願意承擔的債務範圍內和債務人承擔連帶債務。

553	債務人轉移債務的，新債務人可以主張原債務人對債權人的抗辯；原債務人對債權人享有債權的，新債務人不得向債權人主張抵銷。
554	債務人轉移債務的，新債務人應當承擔與主債務有關的從債務，但是該從債務專屬於原債務人自身的除外。
555	當事人一方經對方同意，可以將自己在合同中的權利和義務一併轉讓給第三人。
556	合同的權利和義務一併轉讓的，適用債權轉讓、債務轉移的有關規定。

第七章　合同的權利義務終止

557	有下列情形之一的，債權債務終止： （一）債務已經履行； （二）債務相互抵銷； （三）債務人依法將標的物提存； （四）債權人免除債務； （五）債權債務同歸於一人； （六）法律規定或者當事人約定終止的其他情形。 合同解除的，該合同的權利義務關係終止。
558	債權債務終止後，當事人應當遵循誠信等原則，根據交易習慣履行通知、協助、保密、舊物回收等義務。
559	債權債務終止時，債權的從權利同時消滅，但是法律另有規定或者當事人另有約定的除外。
560	債務人對同一債權人負擔的數項債務種類相同，債務人的給付不足以清償全部債務的，除當事人另有約定外，由債務人在清償時指定其履行的債務。 債務人未作指定的，應當優先履行已經到期的債務；數項債務均到期的，優先履行對債權人缺乏擔保或者擔保最少的債務；均無擔保或者擔保相等的，優先履行債務人負擔較重的債務；負擔相同的，按照債務到期的先後順序履行；到期時間相同的，按照債務比例履行。

561 債務人在履行主債務外還應當支付利息和實現債權的有關費用，其給付不足以清償全部債務的，除當事人另有約定外，應當按照下列順序履行：

（一）實現債權的有關費用；

（二）利息；

（三）主債務。

562 當事人協商一致，可以解除合同。

當事人可以約定一方解除合同的事由。解除合同的事由發生時，解除權人可以解除合同。

563 有下列情形之一的，當事人可以解除合同：

（一）因不可抗力致使不能實現合同目的；

（二）在履行期限屆滿前，當事人一方明確表示或者以自己的行為表明不履行主要債務；

（三）當事人一方遲延履行主要債務，經催告後在合理期限內仍未履行；

（四）當事人一方遲延履行債務或者有其他違約行為致使不能實現合同目的；

（五）法律規定的其他情形。

以持續履行的債務為內容的不定期合同，當事人可以隨時解除合同，但是應當在合理期限之前通知對方。

564 法律規定或者當事人約定解除權行使期限，期限屆滿當事人不行使的，該權利消滅。

法律沒有規定或者當事人沒有約定解除權行使期限，自解除權人知道或者應當知道解除事由之日起一年內不行使，或者經對方催告後在合理期限內不行使的，該權利消滅。

565 當事人一方依法主張解除合同的，應當通知對方。合同自通知到達對方時解除；通知載明債務人在一定期限內不履行債務則合同自動解除，債務人在該期限內未履行債務的，合同自通知載明的期限屆滿時解除。對方對解除合同有異議的，任何一方當事人均可以請求人民法院或者仲裁機構確認解除行為的效力。

當事人一方未通知對方，直接以提起訴訟或者申請仲裁的方式依法主張解除合同，人民法院或者仲裁機構確認該主張的，合同自起訴狀副本或者仲裁申請書副本

送達對方時解除。

566 　合同解除後，尚未履行的，終止履行；已經履行的，根據履行情況和合同性質，當事人可以請求恢復原狀或者採取其他補救措施，並有權請求賠償損失。

　合同因違約解除的，解除權人可以請求違約方承擔違約責任，但是當事人另有約定的除外。

　主合同解除後，擔保人對債務人應當承擔的民事責任仍應當承擔擔保責任，但是擔保合同另有約定的除外。

567 　合同的權利義務關係終止，不影響合同中結算和清理條款的效力。

568 　當事人互負債務，該債務的標的物種類、品質相同的，任何一方可以將自己的債務與對方的到期債務抵銷；但是，根據債務性質、按照當事人約定或者依照法律規定不得抵銷的除外。

　當事人主張抵銷的，應當通知對方。通知自到達對方時生效。抵銷不得附條件或者附期限。

569 　當事人互負債務，標的物種類、品質不相同的，經協商一致，也可以抵銷。

570 　有下列情形之一，難以履行債務的，債務人可以將標的物提存：

　（一）債權人無正當理由拒絕受領；

　（二）債權人下落不明；

　（三）債權人死亡未確定繼承人、遺產管理人，或者喪失民事行為能力未確定監護人；

　（四）法律規定的其他情形。

　標的物不適於提存或者提存費用過高的，債務人依法可以拍賣或者變賣標的物，提存所得的價款。

571 　債務人將標的物或者將標的物依法拍賣、變賣所得價款交付提存部門時，提存成立。

　提存成立的，視為債務人在其提存範圍內已經交付標的物。

572 　標的物提存後，債務人應當及時通知債權人或者債權人的繼承人、遺產管理人、監護人、財產代管人。

573　　標的物提存後，毀損、滅失的風險由債權人承擔。提存期間，標的物的孳息歸債權人所有。提存費用由債權人負擔。

574　　債權人可以隨時領取提存物。但是，債權人對債務人負有到期債務的，在債權人未履行債務或者提供擔保之前，提存部門根據債務人的要求應當拒絕其領取提存物。

　　債權人領取提存物的權利，自提存之日起五年內不行使而消滅，提存物扣除提存費用後歸國家所有。但是，債權人未履行對債務人的到期債務，或者債權人向提存部門書面表示放棄領取提存物權利的，債務人負擔提存費用後有權取回提存物。

575　　債權人免除債務人部分或者全部債務的，債權債務部分或者全部終止，但是債務人在合理期限內拒絕的除外。

576　　債權和債務同歸於一人的，債權債務終止，但是損害第三人利益的除外。

第八章　違約責任

577　　當事人一方不履行合同義務或者履行合同義務不符合約定的，應當承擔繼續履行、採取補救措施或者賠償損失等違約責任。

578　　當事人一方明確表示或者以自己的行為表明不履行合同義務的，對方可以在履行期限屆滿前請求其承擔違約責任。

579　　當事人一方未支付價款、報酬、租金、利息，或者不履行其他金錢債務的，對方可以請求其支付。

580　　當事人一方不履行非金錢債務或者履行非金錢債務不符合約定的，對方可以請求履行，但是有下列情形之一的除外：

　　（一）法律上或者事實上不能履行；
　　（二）債務的標的不適於強制履行或者履行費用過高；
　　（三）債權人在合理期限內未請求履行。

有前款規定的除外情形之一，致使不能實現合同目的的，人民法院或者仲裁機構可以根據當事人的請求終止合同權利義務關係，但是不影響違約責任的承擔。

581　　當事人一方不履行債務或者履行債務不符合約定，根據債務的性質不得強制履行的，對方可以請求其負擔由第三人替代履行的費用。

582　　履行不符合約定的，應當按照當事人的約定承擔違約責任。對違約責任沒有約定或者約定不明確，依據本法第五百一十條的規定仍不能確定的，受損害方根據標的的性質以及損失的大小，可以合理選擇請求對方承擔修理、重作、更換、退貨、減少價款或者報酬等違約責任。

583　　當事人一方不履行合同義務或者履行合同義務不符合約定的，在履行義務或者採取補救措施後，對方還有其他損失的，應當賠償損失。

584　　當事人一方不履行合同義務或者履行合同義務不符合約定，造成對方損失的，損失賠償額應當相當於因違約所造成的損失，包括合同履行後可以獲得的利益；但是，不得超過違約一方訂立合同時預見到或者應當預見到的因違約可能造成的損失。

585　　當事人可以約定一方違約時應當根據違約情況向對方支付一定數額的違約金，也可以約定因違約產生的損失賠償額的計算方法。

　　約定的違約金低於造成的損失的，人民法院或者仲裁機構可以根據當事人的請求予以增加；約定的違約金過分高於造成的損失的，人民法院或者仲裁機構可以根據當事人的請求予以適當減少。

　　當事人就遲延履行約定違約金的，違約方支付違約金後，還應當履行債務。

586　　當事人可以約定一方向對方給付定金作為債權的擔保。定金合同自實際交付定金時成立。

　　定金的數額由當事人約定；但是，不得超過主合同標的額的百分之二十，超過部分不產生定金的效力。實際交付的定金數額多於或者少於約定數額的，視為變更約定的定金數額。

587 債務人履行債務的，定金應當抵作價款或者收回。給付定金的一方不履行債務或者履行債務不符合約定，致使不能實現合同目的的，無權請求返還定金；收受定金的一方不履行債務或者履行債務不符合約定，致使不能實現合同目的的，應當雙倍返還定金。

588 當事人既約定違約金，又約定定金的，一方違約時，對方可以選擇適用違約金或者定金條款。

定金不足以彌補一方違約造成的損失的，對方可以請求賠償超過定金數額的損失。

589 債務人按照約定履行債務，債權人無正當理由拒絕受領的，債務人可以請求債權人賠償增加的費用。

在債權人受領遲延期間，債務人無須支付利息。

590 當事人一方因不可抗力不能履行合同的，根據不可抗力的影響，部分或者全部免除責任，但是法律另有規定的除外。因不可抗力不能履行合同的，應當及時通知對方，以減輕可能給對方造成的損失，並應當在合理期限內提供證明。

當事人遲延履行後發生不可抗力的，不免除其違約責任。

591 當事人一方違約後，對方應當採取適當措施防止損失的擴大；沒有採取適當措施致使損失擴大的，不得就擴大的損失請求賠償。

當事人因防止損失擴大而支出的合理費用，由違約方負擔。

592 當事人都違反合同的，應當各自承擔相應的責任。

當事人一方違約造成對方損失，對方對損失的發生有過錯的，可以減少相應的損失賠償額。

593 當事人一方因第三人的原因造成違約的，應當依法向對方承擔違約責任。當事人一方和第三人之間的糾紛，依照法律規定或者按照約定處理。

594 因國際貨物買賣合同和技術進出口合同爭議提起訴訟或者申請仲裁的時效期間為四年。

第二分編　典型合同

第九章　買賣合同

595　　買賣合同是出賣人轉移標的物的所有權於買受人，買受人支付價款的合同。

596　　買賣合同的內容一般包括標的物的名稱、數量、質量、價款、履行期限、履行地點和方式、包裝方式、檢驗標準和方法、結算方式、合同使用的文字及其效力等條款。

597　　因出賣人未取得處分權致使標的物所有權不能轉移的，買受人可以解除合同並請求出賣人承擔違約責任。

　　法律、行政法規禁止或者限制轉讓的標的物，依照其規定。

598　　出賣人應當履行向買受人交付標的物或者交付提取標的物的單證，並轉移標的物所有權的義務。

599　　出賣人應當按照約定或者交易習慣向買受人交付提取標的物單證以外的有關單證和資料。

600　　出賣具有知識產權的標的物的，除法律另有規定或者當事人另有約定外，該標的物的知識產權不屬於買受人。

601　　出賣人應當按照約定的時間交付標的物。約定交付期限的，出賣人可以在該交付期限內的任何時間交付。

602　　當事人沒有約定標的物的交付期限或者約定不明確的，適用本法第五百一十條、第五百一十一條第四項的規定。

603　　出賣人應當按照約定的地點交付標的物。

　　當事人沒有約定交付地點或者約定不明確，依據本法第五百一十條的規定仍不能確定的，適用下列規定：

　　（一）標的物需要運輸的，出賣人應當將標的物交付給第一承運人以運交給買受人；

　　（二）標的物不需要運輸，出賣人和買受人訂立合同時知道標的物在某一地點的，出賣人應當在該地點交

付標的物；不知道標的物在某一地點的，應當在出賣人訂立合同時的營業地交付標的物。

604　　標的物毀損、滅失的風險，在標的物交付之前由出賣人承擔，交付之後由買受人承擔，但是法律另有規定或者當事人另有約定的除外。

605　　因買受人的原因致使標的物未按照約定的期限交付的，買受人應當自違反約定時起承擔標的物毀損、滅失的風險。

606　　出賣人出賣交由承運人運輸的在途標的物，除當事人另有約定外，毀損、滅失的風險自合同成立時起由買受人承擔。

607　　出賣人按照約定將標的物運送至買受人指定地點並交付給承運人後，標的物毀損、滅失的風險由買受人承擔。
　　當事人沒有約定交付地點或者約定不明確，依據本法第六百零三條第二款第一項的規定標的物需要運輸的，出賣人將標的物交付給第一承運人後，標的物毀損、滅失的風險由買受人承擔。

608　　出賣人按照約定或者依據本法第六百零三條第二款第二項的規定將標的物置於交付地點，買受人違反約定沒有收取的，標的物毀損、滅失的風險自違反約定時起由買受人承擔。

609　　出賣人按照約定未交付有關標的物的單證和資料的，不影響標的物毀損、滅失風險的轉移。

610　　因標的物不符合質量要求，致使不能實現合同目的的，買受人可以拒絕接受標的物或者解除合同。買受人拒絕接受標的物或者解除合同的，標的物毀損、滅失的風險由出賣人承擔。

611　　標的物毀損、滅失的風險由買受人承擔的，不影響因出賣人履行義務不符合約定，買受人請求其承擔違約責任的權利。

612　　出賣人就交付的標的物，負有保證第三人對該標的物不享有任何權利的義務，但是法律另有規定的除外。

613　買受人訂立合同時知道或者應當知道第三人對買賣的標的物享有權利的，出賣人不承擔前條規定的義務。

614　買受人有確切證據證明第三人對標的物享有權利的，可以中止支付相應的價款，但是出賣人提供適當擔保的除外。

615　出賣人應當按照約定的質量要求交付標的物。出賣人提供有關標的物質量說明的，交付的標的物應當符合該說明的質量要求。

616　當事人對標的物的質量要求沒有約定或者約定不明確，依據本法第五百一十條的規定仍不能確定的，適用本法第五百一十一條第一項的規定。

617　出賣人交付的標的物不符合質量要求的，買受人可以依據本法第五百八十二條至第五百八十四條的規定請求承擔違約責任。

618　當事人約定減輕或者免除出賣人對標的物瑕疵承擔的責任，因出賣人故意或者重大過失不告知買受人標的物瑕疵的，出賣人無權主張減輕或者免除責任。

619　出賣人應當按照約定的包裝方式交付標的物。對包裝方式沒有約定或者約定不明確，依據本法第五百一十條的規定仍不能確定的，應當按照通用的方式包裝；沒有通用方式的，應當採取足以保護標的物且有利於節約資源、保護生態環境的包裝方式。

620　買受人收到標的物時應當在約定的檢驗期限內檢驗。沒有約定檢驗期限的，應當及時檢驗。

621　當事人約定檢驗期限的，買受人應當在檢驗期限內將標的物的數量或者質量不符合約定的情形通知出賣人。買受人怠於通知的，視為標的物的數量或者質量符合約定。

當事人沒有約定檢驗期限的，買受人應當在發現或者應當發現標的物的數量或者質量不符合約定的合理期限內通知出賣人。買受人在合理期限內未通知或者自收到標的物之日起二年內未通知出賣人的，視為標的物的數量或者質量符合約定；但是，對標的物有質量保證期

的，適用質量保證期，不適用該二年的規定。

　　出賣人知道或者應當知道提供的標的物不符合約定的，買受人不受前兩款規定的通知時間的限制。

622　　當事人約定的檢驗期限過短，根據標的物的性質和交易習慣，買受人在檢驗期限內難以完成全面檢驗的，該期限僅視為買受人對標的物的外觀瑕疵提出異議的期限。

　　約定的檢驗期限或者質量保證期短於法律、行政法規規定期限的，應當以法律、行政法規規定的期限為準。

623　　當事人對檢驗期限未作約定，買受人簽收的送貨單、確認單等載明標的物數量、型號、規格的，推定買受人已經對數量和外觀瑕疵進行檢驗，但是有相關證據足以推翻的除外。

624　　出賣人依照買受人的指示向第三人交付標的物，出賣人和買受人約定的檢驗標準與買受人和第三人約定的檢驗標準不一致的，以出賣人和買受人約定的檢驗標準為準。

625　　依照法律、行政法規的規定或者按照當事人的約定，標的物在有效使用年限屆滿後應予回收的，出賣人負有自行或者委託第三人對標的物予以回收的義務。

626　　買受人應當按照約定的數額和支付方式支付價款。對價款的數額和支付方式沒有約定或者約定不明確的，適用本法第五百一十條、第五百一十一條第二項和第五項的規定。

627　　買受人應當按照約定的地點支付價款。對支付地點沒有約定或者約定不明確，依據本法第五百一十條的規定仍不能確定的，買受人應當在出賣人的營業地支付；但是，約定支付價款以交付標的物或者交付提取標的物單證為條件的，在交付標的物或者交付提取標的物單證的所在地支付。

628　　買受人應當按照約定的時間支付價款。對支付時間沒有約定或者約定不明確，依據本法第五百一十條的規定仍不能確定的，買受人應當在收到標的物或者提取標的物單證的同時支付。

629　　　出賣人多交標的物的，買受人可以接收或者拒絕接收多交的部分。買受人接收多交部分的，按照約定的價格支付價款；買受人拒絕接收多交部分的，應當及時通知出賣人。

630　　　標的物在交付之前產生的孳息，歸出賣人所有；交付之後產生的孳息，歸買受人所有。但是，當事人另有約定的除外。

631　　　因標的物的主物不符合約定而解除合同的，解除合同的效力及於從物。因標的物的從物不符合約定被解除的，解除的效力不及於主物。

632　　　標的物為數物，其中一物不符合約定的，買受人可以就該物解除。但是，該物與他物分離使標的物的價值顯受損害的，買受人可以就數物解除合同。

633　　　出賣人分批交付標的物的，出賣人對其中一批標的物不交付或者交付不符合約定，致使該批標的物不能實現合同目的的，買受人可以就該批標的物解除。

　　　出賣人不交付其中一批標的物或者交付不符合約定，致使之後其他各批標的物的交付不能實現合同目的的，買受人可以就該批以及之後其他各批標的物解除。

　　　買受人如果就其中一批標的物解除，該批標的物與其他各批標的物相互依存的，可以就已經交付和未交付的各批標的物解除。

634　　　分期付款的買受人未支付到期價款的數額達到全部價款的五分之一，經催告後在合理期限內仍未支付到期價款的，出賣人可以請求買受人支付全部價款或者解除合同。

　　　出賣人解除合同的，可以向買受人請求支付該標的物的使用費。

635　　　憑樣品買賣的當事人應當封存樣品，並可以對樣品質量予以說明。出賣人交付的標的物應當與樣品及其說明的質量相同。

636　　　憑樣品買賣的買受人不知道樣品有隱蔽瑕疵的，即使交付的標的物與樣品相同，出賣人交付的標的物的質

量仍然應當符合同種物的通常標準。

637　　試用買賣的當事人可以約定標的物的試用期限。對試用期限沒有約定或者約定不明確，依據本法第五百一十條的規定仍不能確定的，由出賣人確定。

638　　試用買賣的買受人在試用期內可以購買標的物，也可以拒絕購買。試用期限屆滿，買受人對是否購買標的物未作表示的，視為購買。

　　試用買賣的買受人在試用期內已經支付部分價款或者對標的物實施出賣、出租、設立擔保物權等行為的，視為同意購買。

639　　試用買賣的當事人對標的物使用費沒有約定或者約定不明確的，出賣人無權請求買受人支付。

640　　標的物在試用期內毀損、滅失的風險由出賣人承擔。

641　　當事人可以在買賣合同中約定買受人未履行支付價款或者其他義務的，標的物的所有權屬於出賣人。

　　出賣人對標的物保留的所有權，未經登記，不得對抗善意第三人。

642　　當事人約定出賣人保留合同標的物的所有權，在標的物所有權轉移前，買受人有下列情形之一，造成出賣人損害的，除當事人另有約定外，出賣人有權取回標的物：

　　（一）未按照約定支付價款，經催告後在合理期限內仍未支付；

　　（二）未按照約定完成特定條件；

　　（三）將標的物出賣、出質或者作出其他不當處分。

　　出賣人可以與買受人協商取回標的物；協商不成的，可以參照適用擔保物權的實現程序。

643　　出賣人依據前條第一款的規定取回標的物後，買受人在雙方約定或者出賣人指定的合理回贖期限內，消除出賣人取回標的物的事由的，可以請求回贖標的物。

　　買受人在回贖期限內沒有回贖標的物，出賣人可以以合理價格將標的物出賣給第三人，出賣所得價款扣除買受人未支付的價款以及必要費用後仍有剩餘的，應當返還買受人；不足部分由買受人清償。

644 招標投標買賣的當事人的權利和義務以及招標投標程序等，依照有關法律、行政法規的規定。

645 拍賣的當事人的權利和義務以及拍賣程序等，依照有關法律、行政法規的規定。

646 法律對其他有償合同有規定的，依照其規定；沒有規定的，參照適用買賣合同的有關規定。

647 當事人約定易貨交易，轉移標的物的所有權的，參照適用買賣合同的有關規定。

第十章　供用電、水、氣、熱力合同

648 供用電合同是供電人向用電人供電，用電人支付電費的合同。

向社會公眾供電的供電人，不得拒絕用電人合理的訂立合同要求。

649 供用電合同的內容一般包括供電的方式、質量、時間，用電容量、地址、性質，計量方式，電價、電費的結算方式，供用電設施的維護責任等條款。

650 供用電合同的履行地點，按照當事人約定；當事人沒有約定或者約定不明確的，供電設施的產權分界處為履行地點。

651 供電人應當按照國家規定的供電質量標準和約定安全供電。供電人未按照國家規定的供電質量標準和約定安全供電，造成用電人損失的，應當承擔賠償責任。

652 供電人因供電設施計劃檢修、臨時檢修、依法限電或者用電人違法用電等原因，需要中斷供電時，應當按照國家有關規定事先通知用電人；未事先通知用電人中斷供電，造成用電人損失的，應當承擔賠償責任。

653 因自然災害等原因斷電，供電人應當按照國家有關規定及時搶修；未及時搶修，造成用電人損失的，應當承擔賠償責任。

654 用電人應當按照國家有關規定和當事人的約定及時

支付電費。用電人逾期不支付電費的，應當按照約定支付違約金。經催告用電人在合理期限內仍不支付電費和違約金的，供電人可以按照國家規定的程序中止供電。

供電人依據前款規定中止供電的，應當事先通知用電人。

655　　用電人應當按照國家有關規定和當事人的約定安全、節約和計劃用電。用電人未按照國家有關規定和當事人的約定用電，造成供電人損失的，應當承擔賠償責任。

656　　供用水、供用氣、供用熱力合同，參照適用供用電合同的有關規定。

第十一章　贈與合同

657　　贈與合同是贈與人將自己的財產無償給予受贈人，受贈人表示接受贈與的合同。

658　　贈與人在贈與財產的權利轉移之前可以撤銷贈與。

經過公證的贈與合同或者依法不得撤銷的具有救災、扶貧、助殘等公益、道德義務性質的贈與合同，不適用前款規定。

659　　贈與的財產依法需要辦理登記或者其他手續的，應當辦理有關手續。

660　　經過公證的贈與合同或者依法不得撤銷的具有救災、扶貧、助殘等公益、道德義務性質的贈與合同，贈與人不交付贈與財產的，受贈人可以請求交付。

依據前款規定應當交付的贈與財產因贈與人故意或者重大過失致使毀損、滅失的，贈與人應當承擔賠償責任。

661　　贈與可以附義務。

贈與附義務的，受贈人應當按照約定履行義務。

662　　贈與的財產有瑕疵的，贈與人不承擔責任。附義務的贈與，贈與的財產有瑕疵的，贈與人在附義務的限度內承擔與出賣人相同的責任。

贈與人故意不告知瑕疵或者保證無瑕疵，造成受贈人損失的，應當承擔賠償責任。

663 　受贈人有下列情形之一的，贈與人可以撤銷贈與：
（一）嚴重侵害贈與人或者贈與人近親屬的合法權益；
（二）對贈與人有扶養義務而不履行；
（三）不履行贈與合同約定的義務。

贈與人的撤銷權，自知道或者應當知道撤銷事由之日起一年內行使。

664 　因受贈人的違法行為致使贈與人死亡或者喪失民事行為能力的，贈與人的繼承人或者法定代理人可以撤銷贈與。

贈與人的繼承人或者法定代理人的撤銷權，自知道或者應當知道撤銷事由之日起六個月內行使。

665 　撤銷權人撤銷贈與的，可以向受贈人請求返還贈與的財產。

666 　贈與人的經濟狀況顯著惡化，嚴重影響其生產經營或者家庭生活的，可以不再履行贈與義務。

第十二章　借款合同

667 　借款合同是借款人向貸款人借款，到期返還借款並支付利息的合同。

668 　借款合同應當採用書面形式，但是自然人之間借款另有約定的除外。

借款合同的內容一般包括借款種類、幣種、用途、數額、利率、期限和還款方式等條款。

669 　訂立借款合同，借款人應當按照貸款人的要求提供與借款有關的業務活動和財務狀況的真實情況。

670 　借款的利息不得預先在本金中扣除。利息預先在本金中扣除的，應當按照實際借款數額返還借款並計算利息。

671 　貸款人未按照約定的日期、數額提供借款，造成借款人損失的，應當賠償損失。

借款人未按照約定的日期、數額收取借款的，應當按照約定的日期、數額支付利息。

672　貸款人按照約定可以檢查、監督借款的使用情況。借款人應當按照約定向貸款人定期提供有關財務會計報表或者其他資料。

673　借款人未按照約定的借款用途使用借款的，貸款人可以停止發放借款、提前收回借款或者解除合同。

674　借款人應當按照約定的期限支付利息。對支付利息的期限沒有約定或者約定不明確，依據本法第五百一十條的規定仍不能確定，借款期間不滿一年的，應當在返還借款時一併支付；借款期間一年以上的，應當在每屆滿一年時支付，剩餘期間不滿一年的，應當在返還借款時一併支付。

675　借款人應當按照約定的期限返還借款。對借款期限沒有約定或者約定不明確，依據本法第五百一十條的規定仍不能確定的，借款人可以隨時返還；貸款人可以催告借款人在合理期限內返還。

676　借款人未按照約定的期限返還借款的，應當按照約定或者國家有關規定支付逾期利息。

677　借款人提前返還借款的，除當事人另有約定外，應當按照實際借款的期間計算利息。

678　借款人可以在還款期限屆滿前向貸款人申請展期；貸款人同意的，可以展期。

679　自然人之間的借款合同，自貸款人提供借款時成立。

680　禁止高利放貸，借款的利率不得違反國家有關規定。
借款合同對支付利息沒有約定的，視為沒有利息。
借款合同對支付利息約定不明確，當事人不能達成補充協議的，按照當地或者當事人的交易方式、交易習慣、市場利率等因素確定利息；自然人之間借款的，視為沒有利息。

第十三章　保證合同

第一節　一般規定

681　　保證合同是為保障債權的實現，保證人和債權人約定，當債務人不履行到期債務或者發生當事人約定的情形時，保證人履行債務或者承擔責任的合同。

682　　保證合同是主債權債務合同的從合同。主債權債務合同無效的，保證合同無效，但是法律另有規定的除外。

　　保證合同被確認無效後，債務人、保證人、債權人有過錯的，應當根據其過錯各自承擔相應的民事責任。

683　　機關法人不得為保證人，但是經國務院批准為使用外國政府或者國際經濟組織貸款進行轉貸的除外。

　　以公益為目的的非營利法人、非法人組織不得為保證人。

684　　保證合同的內容一般包括被保證的主債權的種類、數額，債務人履行債務的期限，保證的方式、範圍和期間等條款。

685　　保證合同可以是單獨訂立的書面合同，也可以是主債權債務合同中的保證條款。

　　第三人單方以書面形式向債權人作出保證，債權人接收且未提出異議的，保證合同成立。

686　　保證的方式包括一般保證和連帶責任保證。

　　當事人在保證合同中對保證方式沒有約定或者約定不明確的，按照一般保證承擔保證責任。

687　　當事人在保證合同中約定，債務人不能履行債務時，由保證人承擔保證責任的，為一般保證。

　　一般保證的保證人在主合同糾紛未經審判或者仲裁，並就債務人財產依法強制執行仍不能履行債務前，有權拒絕向債權人承擔保證責任，但是有下列情形之一的除外：

　　（一）債務人下落不明，且無財產可供執行；

　　（二）人民法院已經受理債務人破產案件；

　　（三）債權人有證據證明債務人的財產不足以履行

全部債務或者喪失履行債務能力；

（四）保證人書面表示放棄本款規定的權利。

688　　當事人在保證合同中約定保證人和債務人對債務承擔連帶責任的，為連帶責任保證。

連帶責任保證的債務人不履行到期債務或者發生當事人約定的情形時，債權人可以請求債務人履行債務，也可以請求保證人在其保證範圍內承擔保證責任。

689　　保證人可以要求債務人提供反擔保。

690　　保證人與債權人可以協商訂立最高額保證的合同，約定在最高債權額限度內就一定期間連續發生的債權提供保證。

最高額保證除適用本章規定外，參照適用本法第二編最高額抵押權的有關規定。

第二節　保證責任

691　　保證的範圍包括主債權及其利息、違約金、損害賠償金和實現債權的費用。當事人另有約定的，按照其約定。

692　　保證期間是確定保證人承擔保證責任的期間，不發生中止、中斷和延長。

債權人與保證人可以約定保證期間，但是約定的保證期間早於主債務履行期限或者與主債務履行期限同時屆滿的，視為沒有約定；沒有約定或者約定不明確的，保證期間為主債務履行期限屆滿之日起六個月。

債權人與債務人對主債務履行期限沒有約定或者約定不明確的，保證期間自債權人請求債務人履行債務的寬限期屆滿之日起計算。

693　　一般保證的債權人未在保證期間對債務人提起訴訟或者申請仲裁的，保證人不再承擔保證責任。

連帶責任保證的債權人未在保證期間請求保證人承擔保證責任的，保證人不再承擔保證責任。

694　　一般保證的債權人在保證期間屆滿前對債務人提起訴訟或者申請仲裁的，從保證人拒絕承擔保證責任的權利消滅之日起，開始計算保證債務的訴訟時效。

連帶責任保證的債權人在保證期間屆滿前請求保證人承擔保證責任的，從債權人請求保證人承擔保證責任之日起，開始計算保證債務的訴訟時效。

695　債權人和債務人未經保證人書面同意，協商變更主債權債務合同內容，減輕債務的，保證人仍對變更後的債務承擔保證責任；加重債務的，保證人對加重的部分不承擔保證責任。

債權人和債務人變更主債權債務合同的履行期限，未經保證人書面同意的，保證期間不受影響。

696　債權人轉讓全部或者部分債權，未通知保證人的，該轉讓對保證人不發生效力。

保證人與債權人約定禁止債權轉讓，債權人未經保證人書面同意轉讓債權的，保證人對受讓人不再承擔保證責任。

697　債權人未經保證人書面同意，允許債務人轉移全部或者部分債務，保證人對未經其同意轉移的債務不再承擔保證責任，但是債權人和保證人另有約定的除外。

第三人加入債務的，保證人的保證責任不受影響。

698　一般保證的保證人在主債務履行期限屆滿後，向債權人提供債務人可供執行財產的真實情況，債權人放棄或者怠於行使權利致使該財產不能被執行的，保證人在其提供可供執行財產的價值範圍內不再承擔保證責任。

699　同一債務有兩個以上保證人的，保證人應當按照保證合同約定的保證份額，承擔保證責任；沒有約定保證份額的，債權人可以請求任何一個保證人在其保證範圍內承擔保證責任。

700　保證人承擔保證責任後，除當事人另有約定外，有權在其承擔保證責任的範圍內向債務人追償，享有債權人對債務人的權利，但是不得損害債權人的利益。

701　保證人可以主張債務人對債權人的抗辯。債務人放棄抗辯的，保證人仍有權向債權人主張抗辯。

702　債務人對債權人享有抵銷權或者撤銷權的，保證人可以在相應範圍內拒絕承擔保證責任。

第十四章　租賃合同

703　　租賃合同是出租人將租賃物交付承租人使用、收益，承租人支付租金的合同。

704　　租賃合同的內容一般包括租賃物的名稱、數量、用途、租賃期限、租金及其支付期限和方式、租賃物維修等條款。

705　　租賃期限不得超過二十年。超過二十年的，超過部分無效。

　　租賃期限屆滿，當事人可以續訂租賃合同；但是，約定的租賃期限自續訂之日起不得超過二十年。

706　　當事人未依照法律、行政法規規定辦理租賃合同登記備案手續的，不影響合同的效力。

707　　租賃期限六個月以上的，應當採用書面形式。當事人未採用書面形式，無法確定租賃期限的，視為不定期租賃。

708　　出租人應當按照約定將租賃物交付承租人，並在租賃期限內保持租賃物符合約定的用途。

709　　承租人應當按照約定的方法使用租賃物。對租賃物的使用方法沒有約定或者約定不明確，依據本法第五百一十條的規定仍不能確定的，應當根據租賃物的性質使用。

710　　承租人按照約定的方法或者根據租賃物的性質使用租賃物，致使租賃物受到損耗的，不承擔賠償責任。

711　　承租人未按照約定的方法或者未根據租賃物的性質使用租賃物，致使租賃物受到損失的，出租人可以解除合同並請求賠償損失。

712　　出租人應當履行租賃物的維修義務，但是當事人另有約定的除外。

713　　承租人在租賃物需要維修時可以請求出租人在合理期限內維修。出租人未履行維修義務的，承租人可以自行維修，維修費用由出租人負擔。因維修租賃物影響承

租人使用的，應當相應減少租金或者延長租期。

因承租人的過錯致使租賃物需要維修的，出租人不承擔前款規定的維修義務。

714　承租人應當妥善保管租賃物，因保管不善造成租賃物毀損、滅失的，應當承擔賠償責任。

715　承租人經出租人同意，可以對租賃物進行改善或者增設他物。

承租人未經出租人同意，對租賃物進行改善或者增設他物的，出租人可以請求承租人恢復原狀或者賠償損失。

716　承租人經出租人同意，可以將租賃物轉租給第三人。承租人轉租的，承租人與出租人之間的租賃合同繼續有效；第三人造成租賃物損失的，承租人應當賠償損失。

承租人未經出租人同意轉租的，出租人可以解除合同。

717　承租人經出租人同意將租賃物轉租給第三人，轉租期限超過承租人剩餘租賃期限的，超過部分的約定對出租人不具有法律約束力，但是出租人與承租人另有約定的除外。

718　出租人知道或者應當知道承租人轉租，但是在六個月內未提出異議的，視為出租人同意轉租。

719　承租人拖欠租金的，次承租人可以代承租人支付其欠付的租金和違約金，但是轉租合同對出租人不具有法律約束力的除外。

次承租人代為支付的租金和違約金，可以充抵次承租人應當向承租人支付的租金；超出其應付的租金數額的，可以向承租人追償。

720　在租賃期限內因佔有、使用租賃物獲得的收益，歸承租人所有，但是當事人另有約定的除外。

721　承租人應當按照約定的期限支付租金。對支付租金的期限沒有約定或者約定不明確，依據本法第五百一十條的規定仍不能確定，租賃期限不滿一年的，應當在租賃期限屆滿時支付；租賃期限一年以上的，應當在每屆滿一年時支付，剩餘期限不滿一年的，應當在租賃期限屆滿時支付。

722　　　承租人無正當理由未支付或者遲延支付租金的，出租人可以請求承租人在合理期限內支付；承租人逾期不支付的，出租人可以解除合同。

723　　　因第三人主張權利，致使承租人不能對租賃物使用、收益的，承租人可以請求減少租金或者不支付租金。

　　　第三人主張權利的，承租人應當及時通知出租人。

724　　　有下列情形之一，非因承租人原因致使租賃物無法使用的，承租人可以解除合同：

　　　（一）租賃物被司法機關或者行政機關依法查封、扣押；

　　　（二）租賃物權屬有爭議；

　　　（三）租賃物具有違反法律、行政法規關於使用條件的強制性規定情形。

725　　　租賃物在承租人按照租賃合同佔有期限內發生所有權變動的，不影響租賃合同的效力。

726　　　出租人出賣租賃房屋的，應當在出賣之前的合理期限內通知承租人，承租人享有以同等條件優先購買的權利；但是，房屋按份共有人行使優先購買權或者出租人將房屋出賣給近親屬的除外。

　　　出租人履行通知義務後，承租人在十五日內未明確表示購買的，視為承租人放棄優先購買權。

727　　　出租人委託拍賣人拍賣租賃房屋的，應當在拍賣五日前通知承租人。承租人未參加拍賣的，視為放棄優先購買權。

728　　　出租人未通知承租人或者有其他妨害承租人行使優先購買權情形的，承租人可以請求出租人承擔賠償責任。但是，出租人與第三人訂立的房屋買賣合同的效力不受影響。

729　　　因不可歸責於承租人的事由，致使租賃物部分或者全部毀損、滅失的，承租人可以請求減少租金或者不支付租金；因租賃物部分或者全部毀損、滅失，致使不能實現合同目的的，承租人可以解除合同。

730　　　當事人對租賃期限沒有約定或者約定不明確，依據

本法第五百一十條的規定仍不能確定的，視為不定期租賃；當事人可以隨時解除合同，但是應當在合理期限之前通知對方。

731　　租賃物危及承租人的安全或者健康的，即使承租人訂立合同時明知該租賃物質量不合格，承租人仍然可以隨時解除合同。

732　　承租人在房屋租賃期限內死亡的，與其生前共同居住的人或者共同經營人可以按照原租賃合同租賃該房屋。

733　　租賃期限屆滿，承租人應當返還租賃物。返還的租賃物應當符合按照約定或者根據租賃物的性質使用後的狀態。

734　　租賃期限屆滿，承租人繼續使用租賃物，出租人沒有提出異議的，原租賃合同繼續有效，但是租賃期限為不定期。

　　租賃期限屆滿，房屋承租人享有以同等條件優先承租的權利。

第十五章　融資租賃合同

735　　融資租賃合同是出租人根據承租人對出賣人、租賃物的選擇，向出賣人購買租賃物，提供給承租人使用，承租人支付租金的合同。

736　　融資租賃合同的內容一般包括租賃物的名稱、數量、規格、技術性能、檢驗方法，租賃期限，租金構成及其支付期限和方式、幣種，租賃期限屆滿租賃物的歸屬等條款。

　　融資租賃合同應當採用書面形式。

737　　當事人以虛構租賃物方式訂立的融資租賃合同無效。

738　　依照法律、行政法規的規定，對於租賃物的經營使用應當取得行政許可的，出租人未取得行政許可不影響融資租賃合同的效力。

739　　出租人根據承租人對出賣人、租賃物的選擇訂立的買賣合同，出賣人應當按照約定向承租人交付標的物，

承租人享有與受領標的物有關的買受人的權利。

740　　　出賣人違反向承租人交付標的物的義務，有下列情形之一的，承租人可以拒絕受領出賣人向其交付的標的物：

（一）標的物嚴重不符合約定；

（二）未按照約定交付標的物，經承租人或者出租人催告後在合理期限內仍未交付。

承租人拒絕受領標的物的，應當及時通知出租人。

741　　　出租人、出賣人、承租人可以約定，出賣人不履行買賣合同義務的，由承租人行使索賠的權利。承租人行使索賠權利的，出租人應當協助。

742　　　承租人對出賣人行使索賠權利，不影響其履行支付租金的義務。但是，承租人依賴出租人的技能確定租賃物或者出租人干預選擇租賃物的，承租人可以請求減免相應租金。

743　　　出租人有下列情形之一，致使承租人對出賣人行使索賠權利失敗的，承租人有權請求出租人承擔相應的責任：

（一）明知租賃物有質量瑕疵而不告知承租人；

（二）承租人行使索賠權利時，未及時提供必要協助。

出租人怠於行使只能由其對出賣人行使的索賠權利，造成承租人損失的，承租人有權請求出租人承擔賠償責任。

744　　　出租人根據承租人對出賣人、租賃物的選擇訂立的買賣合同，未經承租人同意，出租人不得變更與承租人有關的合同內容。

745　　　出租人對租賃物享有的所有權，未經登記，不得對抗善意第三人。

746　　　融資租賃合同的租金，除當事人另有約定外，應當根據購買租賃物的大部分或者全部成本以及出租人的合理利潤確定。

747　　　租賃物不符合約定或者不符合使用目的的，出租人不承擔責任。但是，承租人依賴出租人的技能確定租賃物或者出租人干預選擇租賃物的除外。

748　　　　　出租人應當保證承租人對租賃物的佔有和使用。

　　　　　出租人有下列情形之一的，承租人有權請求其賠償損失：

　　　　　（一）無正當理由收回租賃物；

　　　　　（二）無正當理由妨礙、干擾承租人對租賃物的佔有和使用；

　　　　　（三）因出租人的原因致使第三人對租賃物主張權利；

　　　　　（四）不當影響承租人對租賃物佔有和使用的其他情形。

749　　　　　承租人佔有租賃物期間，租賃物造成第三人人身損害或者財產損失的，出租人不承擔責任。

750　　　　　承租人應當妥善保管、使用租賃物。

　　　　　承租人應當履行佔有租賃物期間的維修義務。

751　　　　　承租人佔有租賃物期間，租賃物毀損、滅失的，出租人有權請求承租人繼續支付租金，但是法律另有規定或者當事人另有約定的除外。

752　　　　　承租人應當按照約定支付租金。承租人經催告後在合理期限內仍不支付租金的，出租人可以請求支付全部租金；也可以解除合同，收回租賃物。

753　　　　　承租人未經出租人同意，將租賃物轉讓、抵押、質押、投資入股或者以其他方式處分的，出租人可以解除融資租賃合同。

754　　　　　有下列情形之一的，出租人或者承租人可以解除融資租賃合同：

　　　　　（一）出租人與出賣人訂立的買賣合同解除、被確認無效或者被撤銷，且未能重新訂立買賣合同；

　　　　　（二）租賃物因不可歸責於當事人的原因毀損、滅失，且不能修復或者確定替代物；

　　　　　（三）因出賣人的原因致使融資租賃合同的目的不能實現。

755　　　　　融資租賃合同因買賣合同解除、被確認無效或者被撤銷而解除，出賣人、租賃物係由承租人選擇的，出租人有權請求承租人賠償相應損失；但是，因出租人原因

致使買賣合同解除、被確認無效或者被撤銷的除外。

出租人的損失已經在買賣合同解除、被確認無效或者被撤銷時獲得賠償的，承租人不再承擔相應的賠償責任。

756　　融資租賃合同因租賃物交付承租人後意外毀損、滅失等不可歸責於當事人的原因解除的，出租人可以請求承租人按照租賃物折舊情況給予補償。

757　　出租人和承租人可以約定租賃期限屆滿租賃物的歸屬；對租賃物的歸屬沒有約定或者約定不明確，依據本法第五百一十條的規定仍不能確定的，租賃物的所有權歸出租人。

758　　當事人約定租賃期限屆滿租賃物歸承租人所有，承租人已經支付大部分租金，但是無力支付剩餘租金，出租人因此解除合同收回租賃物，收回的租賃物的價值超過承租人欠付的租金以及其他費用的，承租人可以請求相應返還。

當事人約定租賃期限屆滿租賃物歸出租人所有，因租賃物毀損、滅失或者附合、混合於他物致使承租人不能返還的，出租人有權請求承租人給予合理補償。

759　　當事人約定租賃期限屆滿，承租人僅需向出租人支付象徵性價款的，視為約定的租金義務履行完畢後租賃物的所有權歸承租人。

760　　融資租賃合同無效，當事人就該情形下租賃物的歸屬有約定的，按照其約定；沒有約定或者約定不明確的，租賃物應當返還出租人。但是，因承租人原因致使合同無效，出租人不請求返還或者返還後會顯著降低租賃物效用的，租賃物的所有權歸承租人，由承租人給予出租人合理補償。

第十六章　保理合同

761　　保理合同是應收賬款債權人將現有的或者將有的應收賬款轉讓給保理人，保理人提供資金融通、應收賬款管理或者催收、應收賬款債務人付款擔保等服務的合同。

762　　　保理合同的內容一般包括業務類型、服務範圍、服務期限、基礎交易合同情況、應收賬款信息、保理融資款或者服務報酬及其支付方式等條款。

　　　保理合同應當採用書面形式。

763　　　應收賬款債權人與債務人虛構應收賬款作為轉讓標的，與保理人訂立保理合同的，應收賬款債務人不得以應收賬款不存在為由對抗保理人，但是保理人明知虛構的除外。

764　　　保理人向應收賬款債務人發出應收賬款轉讓通知的，應當表明保理人身份並附有必要憑證。

765　　　應收賬款債務人接到應收賬款轉讓通知後，應收賬款債權人與債務人無正當理由協商變更或者終止基礎交易合同，對保理人產生不利影響的，對保理人不發生效力。

766　　　當事人約定有追索權保理的，保理人可以向應收賬款債權人主張返還保理融資款本息或者回購應收賬款債權，也可以向應收賬款債務人主張應收賬款債權。保理人向應收賬款債務人主張應收賬款債權，在扣除保理融資款本息和相關費用後有剩餘的，剩餘部分應當返還給應收賬款債權人。

767　　　當事人約定無追索權保理的，保理人應當向應收賬款債務人主張應收賬款債權，保理人取得超過保理融資款本息和相關費用的部分，無需向應收賬款債權人返還。

768　　　應收賬款債權人就同一應收賬款訂立多個保理合同，致使多個保理人主張權利的，已經登記的先於未登記的取得應收賬款；均已經登記的，按照登記時間的先後順序取得應收賬款；均未登記的，由最先到達應收賬款債務人的轉讓通知中載明的保理人取得應收賬款；既未登記也未通知的，按照保理融資款或者服務報酬的比例取得應收賬款。

769　　　本章沒有規定的，適用本編第六章債權轉讓的有關規定。

第十七章　承攬合同

770　　承攬合同是承攬人按照定作人的要求完成工作，交付工作成果，定作人支付報酬的合同。

承攬包括加工、定作、修理、複製、測試、檢驗等工作。

771　　承攬合同的內容一般包括承攬的標的、數量、質量、報酬，承攬方式，材料的提供，履行期限，驗收標準和方法等條款。

772　　承攬人應當以自己的設備、技術和勞力，完成主要工作，但是當事人另有約定的除外。

承攬人將其承攬的主要工作交由第三人完成的，應當就該第三人完成的工作成果向定作人負責；未經定作人同意的，定作人也可以解除合同。

773　　承攬人可以將其承攬的輔助工作交由第三人完成。承攬人將其承攬的輔助工作交由第三人完成的，應當就該第三人完成的工作成果向定作人負責。

774　　承攬人提供材料的，應當按照約定選用材料，並接受定作人檢驗。

775　　定作人提供材料的，應當按照約定提供材料。承攬人對定作人提供的材料應當及時檢驗，發現不符合約定時，應當及時通知定作人更換、補齊或者採取其他補救措施。

承攬人不得擅自更換定作人提供的材料，不得更換不需要修理的零部件。

776　　承攬人發現定作人提供的圖紙或者技術要求不合理的，應當及時通知定作人。因定作人怠於答覆等原因造成承攬人損失的，應當賠償損失。

777　　定作人中途變更承攬工作的要求，造成承攬人損失的，應當賠償損失。

778　　承攬工作需要定作人協助的，定作人有協助的義務。定作人不履行協助義務致使承攬工作不能完成的，承攬人可以催告定作人在合理期限內履行義務，並可以

順延履行期限；定作人逾期不履行的，承攬人可以解除合同。

779　　承攬人在工作期間，應當接受定作人必要的監督檢驗。定作人不得因監督檢驗妨礙承攬人的正常工作。

780　　承攬人完成工作的，應當向定作人交付工作成果，並提交必要的技術資料和有關質量證明。定作人應當驗收該工作成果。

781　　承攬人交付的工作成果不符合質量要求的，定作人可以合理選擇請求承攬人承擔修理、重作、減少報酬、賠償損失等違約責任。

782　　定作人應當按照約定的期限支付報酬。對支付報酬的期限沒有約定或者約定不明確，依據本法第五百一十條的規定仍不能確定的，定作人應當在承攬人交付工作成果時支付；工作成果部分交付的，定作人應當相應支付。

783　　定作人未向承攬人支付報酬或者材料費等價款的，承攬人對完成的工作成果享有留置權或者有權拒絕交付，但是當事人另有約定的除外。

784　　承攬人應當妥善保管定作人提供的材料以及完成的工作成果，因保管不善造成毀損、滅失的，應當承擔賠償責任。

785　　承攬人應當按照定作人的要求保守秘密，未經定作人許可，不得留存複製品或者技術資料。

786　　共同承攬人對定作人承擔連帶責任，但是當事人另有約定的除外。

787　　定作人在承攬人完成工作前可以隨時解除合同，造成承攬人損失的，應當賠償損失。

第十八章　建設工程合同

788　　建設工程合同是承包人進行工程建設，發包人支付價款的合同。

建設工程合同包括工程勘察、設計、施工合同。

789　　建設工程合同應當採用書面形式。

790　　建設工程的招標投標活動，應當依照有關法律的規定公開、公平、公正進行。

791　　發包人可以與總承包人訂立建設工程合同，也可以分別與勘察人、設計人、施工人訂立勘察、設計、施工承包合同。發包人不得將應當由一個承包人完成的建設工程支解成若干部分發包給數個承包人。

　　總承包人或者勘察、設計、施工承包人經發包人同意，可以將自己承包的部分工作交由第三人完成。第三人就其完成的工作成果與總承包人或者勘察、設計、施工承包人向發包人承擔連帶責任。承包人不得將其承包的全部建設工程轉包給第三人或者將其承包的全部建設工程支解以後以分包的名義分別轉包給第三人。

　　禁止承包人將工程分包給不具備相應資質條件的單位。禁止分包單位將其承包的工程再分包。建設工程主體結構的施工必須由承包人自行完成。

792　　國家重大建設工程合同，應當按照國家規定的程序和國家批准的投資計劃、可行性研究報告等文件訂立。

793　　建設工程施工合同無效，但是建設工程經驗收合格的，可以參照合同關於工程價款的約定折價補償承包人。

　　建設工程施工合同無效，且建設工程經驗收不合格的，按照以下情形處理：

　　（一）修復後的建設工程經驗收合格的，發包人可以請求承包人承擔修復費用；

　　（二）修復後的建設工程經驗收不合格的，承包人無權請求參照合同關於工程價款的約定折價補償。

　　發包人對因建設工程不合格造成的損失有過錯的，應當承擔相應的責任。

794　　勘察、設計合同的內容一般包括提交有關基礎資料和概預算等文件的期限、質量要求、費用以及其他協作條件等條款。

795　　施工合同的內容一般包括工程範圍、建設工期、中

間交工工程的開工和竣工時間、工程質量、工程造價、技術資料交付時間、材料和設備供應責任、撥款和結算、竣工驗收、質量保修範圍和質量保證期、相互協作等條款。

796　　建設工程實行監理的，發包人應當與監理人採用書面形式訂立委託監理合同。發包人與監理人的權利和義務以及法律責任，應當依照本編委託合同以及其他有關法律、行政法規的規定。

797　　發包人在不妨礙承包人正常作業的情況下，可以隨時對作業進度、質量進行檢查。

798　　隱蔽工程在隱蔽以前，承包人應當通知發包人檢查。發包人沒有及時檢查的，承包人可以順延工程日期，並有權請求賠償停工、窩工等損失。

799　　建設工程竣工後，發包人應當根據施工圖紙及說明書、國家頒發的施工驗收規範和質量檢驗標準及時進行驗收。驗收合格的，發包人應當按照約定支付價款，並接收該建設工程。

　　建設工程竣工經驗收合格後，方可交付使用；未經驗收或者驗收不合格的，不得交付使用。

800　　勘察、設計的質量不符合要求或者未按照期限提交勘察、設計文件拖延工期，造成發包人損失的，勘察人、設計人應當繼續完善勘察、設計，減收或者免收勘察、設計費並賠償損失。

801　　因施工人的原因致使建設工程質量不符合約定的，發包人有權請求施工人在合理期限內無償修理或者返工、改建。經過修理或者返工、改建後，造成逾期交付的，施工人應當承擔違約責任。

802　　因承包人的原因致使建設工程在合理使用期限內造成人身損害和財產損失的，承包人應當承擔賠償責任。

803　　發包人未按照約定的時間和要求提供原材料、設備、場地、資金、技術資料的，承包人可以順延工程日期，並有權請求賠償停工、窩工等損失。

804 　因發包人的原因致使工程中途停建、緩建的，發包人應當採取措施彌補或者減少損失，賠償承包人因此造成的停工、窩工、倒運、機械設備調遷、材料和構件積壓等損失和實際費用。

805 　因發包人變更計劃，提供的資料不準確，或者未按照期限提供必需的勘察、設計工作條件而造成勘察、設計的返工、停工或者修改設計，發包人應當按照勘察人、設計人實際消耗的工作量增付費用。

806 　承包人將建設工程轉包、違法分包的，發包人可以解除合同。

　發包人提供的主要建築材料、建築構配件和設備不符合強制性標準或者不履行協助義務，致使承包人無法施工，經催告後在合理期限內仍未履行相應義務的，承包人可以解除合同。

　合同解除後，已經完成的建設工程質量合格的，發包人應當按照約定支付相應的工程價款；已經完成的建設工程質量不合格的，參照本法第七百九十三條的規定處理。

807 　發包人未按照約定支付價款的，承包人可以催告發包人在合理期限內支付價款。發包人逾期不支付的，除根據建設工程的性質不宜折價、拍賣外，承包人可以與發包人協議將該工程折價，也可以請求人民法院將該工程依法拍賣。建設工程的價款就該工程折價或者拍賣的價款優先受償。

808 　本章沒有規定的，適用承攬合同的有關規定。

第十九章　運輸合同

第一節　一般規定

809 　運輸合同是承運人將旅客或者貨物從起運地點運輸到約定地點，旅客、託運人或者收貨人支付票款或者運輸費用的合同。

810 　從事公共運輸的承運人不得拒絕旅客、託運人通常、合理的運輸要求。

811 　　承運人應當在約定期限或者合理期限內將旅客、貨物安全運輸到約定地點。

812 　　承運人應當按照約定的或者通常的運輸路線將旅客、貨物運輸到約定地點。

813 　　旅客、託運人或者收貨人應當支付票款或者運輸費用。承運人未按照約定路線或者通常路線運輸增加票款或者運輸費用的，旅客、託運人或者收貨人可以拒絕支付增加部分的票款或者運輸費用。

第二節　客運合同

814 　　客運合同自承運人向旅客出具客票時成立，但是當事人另有約定或者另有交易習慣的除外。

815 　　旅客應當按照有效客票記載的時間、班次和座位號乘坐。旅客無票乘坐、超程乘坐、越級乘坐或者持不符合減價條件的優惠客票乘坐的，應當補交票款，承運人可以按照規定加收票款；旅客不支付票款的，承運人可以拒絕運輸。

　　實名制客運合同的旅客丟失客票的，可以請求承運人掛失補辦，承運人不得再次收取票款和其他不合理費用。

816 　　旅客因自己的原因不能按照客票記載的時間乘坐的，應當在約定的期限內辦理退票或者變更手續；逾期辦理的，承運人可以不退票款，並不再承擔運輸義務。

817 　　旅客隨身攜帶行李應當符合約定的限量和品類要求；超過限量或者違反品類要求攜帶行李的，應當辦理託運手續。

818 　　旅客不得隨身攜帶或者在行李中夾帶易燃、易爆、有毒、有腐蝕性、有放射性以及可能危及運輸工具上人身和財產安全的危險物品或者違禁物品。

　　旅客違反前款規定的，承運人可以將危險物品或者違禁物品卸下、銷毀或者送交有關部門。旅客堅持攜帶或者夾帶危險物品或者違禁物品的，承運人應當拒絕運輸。

819 　　承運人應當嚴格履行安全運輸義務，及時告知旅客安全運輸應當注意的事項。旅客對承運人為安全運輸所

作的合理安排應當積極協助和配合。

820　　承運人應當按照有效客票記載的時間、班次和座位號運輸旅客。承運人遲延運輸或者有其他不能正常運輸情形的，應當及時告知和提醒旅客，採取必要的安置措施，並根據旅客的要求安排改乘其他班次或者退票；由此造成旅客損失的，承運人應當承擔賠償責任，但是不可歸責於承運人的除外。

821　　承運人擅自降低服務標準的，應當根據旅客的請求退票或者減收票款；提高服務標準的，不得加收票款。

822　　承運人在運輸過程中，應當盡力救助患有急病、分娩、遇險的旅客。

823　　承運人應當對運輸過程中旅客的傷亡承擔賠償責任；但是，傷亡是旅客自身健康原因造成的或者承運人證明傷亡是旅客故意、重大過失造成的除外。

　　前款規定適用於按照規定免票、持優待票或者經承運人許可搭乘的無票旅客。

824　　在運輸過程中旅客隨身攜帶物品毀損、滅失，承運人有過錯的，應當承擔賠償責任。

　　旅客託運的行李毀損、滅失的，適用貨物運輸的有關規定。

第三節　貨運合同

825　　託運人辦理貨物運輸，應當向承運人準確表明收貨人的姓名、名稱或者憑指示的收貨人，貨物的名稱、性質、重量、數量，收貨地點等有關貨物運輸的必要情況。

　　因託運人申報不實或者遺漏重要情況，造成承運人損失的，託運人應當承擔賠償責任。

826　　貨物運輸需要辦理審批、檢驗等手續的，託運人應當將辦理完有關手續的文件提交承運人。

827　　託運人應當按照約定的方式包裝貨物。對包裝方式沒有約定或者約定不明確的，適用本法第六百一十九條的規定。

　　託運人違反前款規定的，承運人可以拒絕運輸。

828　　　　託運人託運易燃、易爆、有毒、有腐蝕性、有放射性等危險物品的，應當按照國家有關危險物品運輸的規定對危險物品妥善包裝，做出危險物品標誌和標籤，並將有關危險物品的名稱、性質和防範措施的書面材料提交承運人。

　　　　託運人違反前款規定的，承運人可以拒絕運輸，也可以採取相應措施以避免損失的發生，因此產生的費用由託運人負擔。

829　　　　在承運人將貨物交付收貨人之前，託運人可以要求承運人中止運輸、返還貨物、變更到達地或者將貨物交給其他收貨人，但是應當賠償承運人因此受到的損失。

830　　　　貨物運輸到達後，承運人知道收貨人的，應當及時通知收貨人，收貨人應當及時提貨。收貨人逾期提貨的，應當向承運人支付保管費等費用。

831　　　　收貨人提貨時應當按照約定的期限檢驗貨物。對檢驗貨物的期限沒有約定或者約定不明確，依據本法第五百一十條的規定仍不能確定的，應當在合理期限內檢驗貨物。收貨人在約定的期限或者合理期限內對貨物的數量、毀損等未提出異議的，視為承運人已經按照運輸單證的記載交付的初步證據。

832　　　　承運人對運輸過程中貨物的毀損、滅失承擔賠償責任。但是，承運人證明貨物的毀損、滅失是因不可抗力、貨物本身的自然性質或者合理損耗以及託運人、收貨人的過錯造成的，不承擔賠償責任。

833　　　　貨物的毀損、滅失的賠償額，當事人有約定的，按照其約定；沒有約定或者約定不明確，依據本法第五百一十條的規定仍不能確定的，按照交付或者應當交付時貨物到達地的市場價格計算。法律、行政法規對賠償額的計算方法和賠償限額另有規定的，依照其規定。

834　　　　兩個以上承運人以同一運輸方式聯運的，與託運人訂立合同的承運人應當對全程運輸承擔責任；損失發生在某一運輸區段的，與託運人訂立合同的承運人和該區段的承運人承擔連帶責任。

835 　　貨物在運輸過程中因不可抗力滅失，未收取運費的，承運人不得請求支付運費；已經收取運費的，託運人可以請求返還。法律另有規定的，依照其規定。

836 　　託運人或者收貨人不支付運費、保管費或者其他費用的，承運人對相應的運輸貨物享有留置權，但是當事人另有約定的除外。

837 　　收貨人不明或者收貨人無正當理由拒絕受領貨物的，承運人依法可以提存貨物。

第四節　多式聯運合同

838 　　多式聯運經營人負責履行或者組織履行多式聯運合同，對全程運輸享有承運人的權利，承擔承運人的義務。

839 　　多式聯運經營人可以與參加多式聯運的各區段承運人就多式聯運合同的各區段運輸約定相互之間的責任；但是，該約定不影響多式聯運經營人對全程運輸承擔的義務。

840 　　多式聯運經營人收到託運人交付的貨物時，應當簽發多式聯運單據。按照託運人的要求，多式聯運單據可以是可轉讓單據，也可以是不可轉讓單據。

841 　　因託運人託運貨物時的過錯造成多式聯運經營人損失的，即使託運人已經轉讓多式聯運單據，託運人仍然應當承擔賠償責任。

842 　　貨物的毀損、滅失發生於多式聯運的某一運輸區段的，多式聯運經營人的賠償責任和責任限額，適用調整該區段運輸方式的有關法律規定；貨物毀損、滅失發生的運輸區段不能確定的，依照本章規定承擔賠償責任。

第二十章　技術合同

第一節　一般規定

843 　　技術合同是當事人就技術開發、轉讓、許可、諮詢或者服務訂立的確立相互之間權利和義務的合同。

844 　　訂立技術合同，應當有利於知識產權的保護和科學技術的進步，促進科學技術成果的研發、轉化、應用和推廣。

845 　　技術合同的內容一般包括項目的名稱，標的的內容、範圍和要求，履行的計劃、地點和方式，技術信息和資料的保密，技術成果的歸屬和收益的分配辦法，驗收標準和方法，名詞和術語的解釋等條款。

　　與履行合同有關的技術背景資料、可行性論證和技術評價報告、項目任務書和計劃書、技術標準、技術規範、原始設計和工藝文件，以及其他技術文檔，按照當事人的約定可以作為合同的組成部分。

　　技術合同涉及專利的，應當註明發明創造的名稱、專利申請人和專利權人、申請日期、申請號、專利號以及專利權的有效期限。

846 　　技術合同價款、報酬或者使用費的支付方式由當事人約定，可以採取一次總算、一次總付或者一次總算、分期支付，也可以採取提成支付或者提成支付附加預付入門費的方式。

　　約定提成支付的，可以按照產品價格、實施專利和使用技術秘密後新增的產值、利潤或者產品銷售額的一定比例提成，也可以按照約定的其他方式計算。提成支付的比例可以採取固定比例、逐年遞增比例或者逐年遞減比例。

　　約定提成支付的，當事人可以約定查閱有關會計賬目的辦法。

847 　　職務技術成果的使用權、轉讓權屬於法人或者非法人組織的，法人或者非法人組織可以就該項職務技術成果訂立技術合同。法人或者非法人組織訂立技術合同轉讓職務技術成果時，職務技術成果的完成人享有以同等條件優先受讓的權利。

　　職務技術成果是執行法人或者非法人組織的工作任務，或者主要是利用法人或者非法人組織的物質技術條件所完成的技術成果。

848 　　非職務技術成果的使用權、轉讓權屬於完成技術成果的個人，完成技術成果的個人可以就該項非職務技

成果訂立技術合同。

849　　　完成技術成果的個人享有在有關技術成果文件上寫明自己是技術成果完成者的權利和取得榮譽證書、獎勵的權利。

850　　　非法壟斷技術或者侵害他人技術成果的技術合同無效。

第二節　技術開發合同

851　　　技術開發合同是當事人之間就新技術、新產品、新工藝、新品種或者新材料及其系統的研究開發所訂立的合同。

技術開發合同包括委託開發合同和合作開發合同。

技術開發合同應當採用書面形式。

當事人之間就具有實用價值的科技成果實施轉化訂立的合同，參照適用技術開發合同的有關規定。

852　　　委託開發合同的委託人應當按照約定支付研究開發經費和報酬，提供技術資料，提出研究開發要求，完成協作事項，接受研究開發成果。

853　　　委託開發合同的研究開發人應當按照約定制定和實施研究開發計劃，合理使用研究開發經費，按期完成研究開發工作，交付研究開發成果，提供有關的技術資料和必要的技術指導，幫助委託人掌握研究開發成果。

854　　　委託開發合同的當事人違反約定造成研究開發工作停滯、延誤或者失敗的，應當承擔違約責任。

855　　　合作開發合同的當事人應當按照約定進行投資，包括以技術進行投資，分工參與研究開發工作，協作配合研究開發工作。

856　　　合作開發合同的當事人違反約定造成研究開發工作停滯、延誤或者失敗的，應當承擔違約責任。

857　　　作為技術開發合同標的的技術已經由他人公開，致使技術開發合同的履行沒有意義的，當事人可以解除合同。

858　　　技術開發合同履行過程中，因出現無法克服的技術

困難，致使研究開發失敗或者部分失敗的，該風險由當事人約定；沒有約定或者約定不明確，依據本法第五百一十條的規定仍不能確定的，風險由當事人合理分擔。

當事人一方發現前款規定的可能致使研究開發失敗或者部分失敗的情形時，應當及時通知另一方並採取適當措施減少損失；沒有及時通知並採取適當措施，致使損失擴大的，應當就擴大的損失承擔責任。

859　　委託開發完成的發明創造，除法律另有規定或者當事人另有約定外，申請專利的權利屬於研究開發人。研究開發人取得專利權的，委託人可以依法實施該專利。

研究開發人轉讓專利申請權的，委託人享有以同等條件優先受讓的權利。

860　　合作開發完成的發明創造，申請專利的權利屬於合作開發的當事人共有；當事人一方轉讓其共有的專利申請權的，其他各方享有以同等條件優先受讓的權利。但是，當事人另有約定的除外。

合作開發的當事人一方聲明放棄其共有的專利申請權的，除當事人另有約定外，可以由另一方單獨申請或者由其他各方共同申請。申請人取得專利權的，放棄專利申請權的一方可以免費實施該專利。

合作開發的當事人一方不同意申請專利的，另一方或者其他各方不得申請專利。

861　　委託開發或者合作開發完成的技術秘密成果的使用權、轉讓權以及收益的分配辦法，由當事人約定；沒有約定或者約定不明確，依據本法第五百一十條的規定仍不能確定的，在沒有相同技術方案被授予專利權前，當事人均有使用和轉讓的權利。但是，委託開發的研究開發人不得在向委託人交付研究開發成果之前，將研究開發成果轉讓給第三人。

第三節　技術轉讓合同和技術許可合同

862　　技術轉讓合同是合法擁有技術的權利人，將現有特定的專利、專利申請、技術秘密的相關權利讓與他人所訂立的合同。

技術許可合同是合法擁有技術的權利人，將現有特

定的專利、技術秘密的相關權利許可他人實施、使用所訂立的合同。

技術轉讓合同和技術許可合同中關於提供實施技術的專用設備、原材料或者提供有關的技術諮詢、技術服務的約定，屬於合同的組成部分。

863　　技術轉讓合同包括專利權轉讓、專利申請權轉讓、技術秘密轉讓等合同。

技術許可合同包括專利實施許可、技術秘密使用許可等合同。

技術轉讓合同和技術許可合同應當採用書面形式。

864　　技術轉讓合同和技術許可合同可以約定實施專利或者使用技術秘密的範圍，但是不得限制技術競爭和技術發展。

865　　專利實施許可合同僅在該專利權的存續期限內有效。專利權有效期限屆滿或者專利權被宣告無效的，專利權人不得就該專利與他人訂立專利實施許可合同。

866　　專利實施許可合同的許可人應當按照約定許可被許可人實施專利，交付實施專利有關的技術資料，提供必要的技術指導。

867　　專利實施許可合同的被許可人應當按照約定實施專利，不得許可約定以外的第三人實施該專利，並按照約定支付使用費。

868　　技術秘密轉讓合同的讓與人和技術秘密使用許可合同的許可人應當按照約定提供技術資料，進行技術指導，保證技術的實用性、可靠性，承擔保密義務。

前款規定的保密義務，不限制許可人申請專利，但是當事人另有約定的除外。

869　　技術秘密轉讓合同的受讓人和技術秘密使用許可合同的被許可人應當按照約定使用技術，支付轉讓費、使用費，承擔保密義務。

870　　技術轉讓合同的讓與人和技術許可合同的許可人應當保證自己是所提供的技術的合法擁有者，並保證所提供的技術完整、無誤、有效，能夠達到約定的目標。

871　技術轉讓合同的受讓人和技術許可合同的被許可人應當按照約定的範圍和期限，對讓與人、許可人提供的技術中尚未公開的秘密部分，承擔保密義務。

872　許可人未按照約定許可技術的，應當返還部分或者全部使用費，並應當承擔違約責任；實施專利或者使用技術秘密超越約定的範圍的，違反約定擅自許可第三人實施該項專利或者使用該項技術秘密的，應當停止違約行為，承擔違約責任；違反約定的保密義務的，應當承擔違約責任。

讓與人承擔違約責任，參照適用前款規定。

873　被許可人未按照約定支付使用費的，應當補交使用費並按照約定支付違約金；不補交使用費或者支付違約金的，應當停止實施專利或者使用技術秘密，交還技術資料，承擔違約責任；實施專利或者使用技術秘密超越約定的範圍的，未經許可人同意擅自許可第三人實施該專利或者使用該技術秘密的，應當停止違約行為，承擔違約責任；違反約定的保密義務的，應當承擔違約責任。

受讓人承擔違約責任，參照適用前款規定。

874　受讓人或者被許可人按照約定實施專利、使用技術秘密侵害他人合法權益的，由讓與人或者許可人承擔責任，但是當事人另有約定的除外。

875　當事人可以按照互利的原則，在合同中約定實施專利、使用技術秘密後續改進的技術成果的分享辦法；沒有約定或者約定不明確，依據本法第五百一十條的規定仍不能確定的，一方後續改進的技術成果，其他各方無權分享。

876　集成電路佈圖設計專有權、植物新品種權、計算機軟件著作權等其他知識產權的轉讓和許可，參照適用本節的有關規定。

877　法律、行政法規對技術進出口合同或者專利、專利申請合同另有規定的，依照其規定。

第四節　技術諮詢合同和技術服務合同

878　技術諮詢合同是當事人一方以技術知識為對方就特

定技術項目提供可行性論證、技術預測、專題技術調查、分析評價報告等所訂立的合同。

技術服務合同是當事人一方以技術知識為對方解決特定技術問題所訂立的合同，不包括承攬合同和建設工程合同。

879　　技術諮詢合同的委託人應當按照約定闡明諮詢的問題，提供技術背景材料及有關技術資料，接受受託人的工作成果，支付報酬。

880　　技術諮詢合同的受託人應當按照約定的期限完成諮詢報告或者解答問題，提出的諮詢報告應當達到約定的要求。

881　　技術諮詢合同的委託人未按照約定提供必要的資料，影響工作進度和質量，不接受或者逾期接受工作成果的，支付的報酬不得追回，未支付的報酬應當支付。

技術諮詢合同的受託人未按期提出諮詢報告或者提出的諮詢報告不符合約定的，應當承擔減收或者免收報酬等違約責任。

技術諮詢合同的委託人按照受託人符合約定要求的諮詢報告和意見作出決策所造成的損失，由委託人承擔，但是當事人另有約定的除外。

882　　技術服務合同的委託人應當按照約定提供工作條件，完成配合事項，接受工作成果並支付報酬。

883　　技術服務合同的受託人應當按照約定完成服務項目，解決技術問題，保證工作質量，並傳授解決技術問題的知識。

884　　技術服務合同的委託人不履行合同義務或者履行合同義務不符合約定，影響工作進度和質量，不接受或者逾期接受工作成果的，支付的報酬不得追回，未支付的報酬應當支付。

技術服務合同的受託人未按照約定完成服務工作的，應當承擔免收報酬等違約責任。

885　　技術諮詢合同、技術服務合同履行過程中，受託人利用委託人提供的技術資料和工作條件完成的新的技術

成果，屬於受託人。委託人利用受託人的工作成果完成的新的技術成果，屬於委託人。當事人另有約定的，按照其約定。

886 　　技術諮詢合同和技術服務合同對受託人正常開展工作所需費用的負擔沒有約定或者約定不明確的，由受託人負擔。

887 　　法律、行政法規對技術中介合同、技術培訓合同另有規定的，依照其規定。

第二十一章　保管合同

888 　　保管合同是保管人保管寄存人交付的保管物，並返還該物的合同。
　　寄存人到保管人處從事購物、就餐、住宿等活動，將物品存放在指定場所的，視為保管，但是當事人另有約定或者另有交易習慣的除外。

889 　　寄存人應當按照約定向保管人支付保管費。
　　當事人對保管費沒有約定或者約定不明確，依據本法第五百一十條的規定仍不能確定的，視為無償保管。

890 　　保管合同自保管物交付時成立，但是當事人另有約定的除外。

891 　　寄存人向保管人交付保管物的，保管人應當出具保管憑證，但是另有交易習慣的除外。

892 　　保管人應當妥善保管保管物。
　　當事人可以約定保管場所或者方法。除緊急情況或者為維護寄存人利益外，不得擅自改變保管場所或者方法。

893 　　寄存人交付的保管物有瑕疵或者根據保管物的性質需要採取特殊保管措施的，寄存人應當將有關情況告知保管人。寄存人未告知，致使保管物受損失的，保管人不承擔賠償責任；保管人因此受損失的，除保管人知道或者應當知道且未採取補救措施外，寄存人應當承擔賠償責任。

894 　　保管人不得將保管物轉交第三人保管，但是當事人

另有約定的除外。

保管人違反前款規定，將保管物轉交第三人保管，造成保管物損失的，應當承擔賠償責任。

895　　保管人不得使用或者許可第三人使用保管物，但是當事人另有約定的除外。

896　　第三人對保管物主張權利的，除依法對保管物採取保全或者執行措施外，保管人應當履行向寄存人返還保管物的義務。

第三人對保管人提起訴訟或者對保管物申請扣押的，保管人應當及時通知寄存人。

897　　保管期內，因保管人保管不善造成保管物毀損、滅失的，保管人應當承擔賠償責任。但是，無償保管人證明自己沒有故意或者重大過失的，不承擔賠償責任。

898　　寄存人寄存貨幣、有價證券或者其他貴重物品的，應當向保管人聲明，由保管人驗收或者封存；寄存人未聲明的，該物品毀損、滅失後，保管人可以按照一般物品予以賠償。

899　　寄存人可以隨時領取保管物。

當事人對保管期限沒有約定或者約定不明確的，保管人可以隨時請求寄存人領取保管物；約定保管期限的，保管人無特別事由，不得請求寄存人提前領取保管物。

900　　保管期限屆滿或者寄存人提前領取保管物的，保管人應當將原物及其孳息歸還寄存人。

901　　保管人保管貨幣的，可以返還相同種類、數量的貨幣；保管其他可替代物的，可以按照約定返還相同種類、品質、數量的物品。

902　　有償的保管合同，寄存人應當按照約定的期限向保管人支付保管費。

當事人對支付期限沒有約定或者約定不明確，依據本法第五百一十條的規定仍不能確定的，應當在領取保管物的同時支付。

903　　寄存人未按照約定支付保管費或者其他費用的，保

管人對保管物享有留置權，但是當事人另有約定的除外。

第二十二章　倉儲合同

904　　倉儲合同是保管人儲存存貨人交付的倉儲物，存貨人支付倉儲費的合同。

905　　倉儲合同自保管人和存貨人意思表示一致時成立。

906　　儲存易燃、易爆、有毒、有腐蝕性、有放射性等危險物品或者易變質物品的，存貨人應當說明該物品的性質，提供有關資料。

　　存貨人違反前款規定的，保管人可以拒收倉儲物，也可以採取相應措施以避免損失的發生，因此產生的費用由存貨人負擔。

　　保管人儲存易燃、易爆、有毒、有腐蝕性、有放射性等危險物品的，應當具備相應的保管條件。

907　　保管人應當按照約定對入庫倉儲物進行驗收。保管人驗收時發現入庫倉儲物與約定不符合的，應當及時通知存貨人。保管人驗收後，發生倉儲物的品種、數量、質量不符合約定的，保管人應當承擔賠償責任。

908　　存貨人交付倉儲物的，保管人應當出具倉單、入庫單等憑證。

909　　保管人應當在倉單上簽名或者蓋章。倉單包括下列事項：

　　（一）存貨人的姓名或者名稱和住所；

　　（二）倉儲物的品種、數量、質量、包裝及其件數和標記；

　　（三）倉儲物的損耗標準；

　　（四）儲存場所；

　　（五）儲存期限；

　　（六）倉儲費；

　　（七）倉儲物已經辦理保險的，其保險金額、期間以及保險人的名稱；

　　（八）填發人、填發地和填發日期。

910　　倉單是提取倉儲物的憑證。存貨人或者倉單持有人

在倉單上背書並經保管人簽名或者蓋章的，可以轉讓提取倉儲物的權利。

911 　　保管人根據存貨人或者倉單持有人的要求，應當同意其檢查倉儲物或者提取樣品。

912 　　保管人發現入庫倉儲物有變質或者其他損壞的，應當及時通知存貨人或者倉單持有人。

913 　　保管人發現入庫倉儲物有變質或者其他損壞，危及其他倉儲物的安全和正常保管的，應當催告存貨人或者倉單持有人作出必要的處置。因情況緊急，保管人可以作出必要的處置；但是，事後應當將該情況及時通知存貨人或者倉單持有人。

914 　　當事人對儲存期限沒有約定或者約定不明確的，存貨人或者倉單持有人可以隨時提取倉儲物，保管人也可以隨時請求存貨人或者倉單持有人提取倉儲物，但是應當給予必要的準備時間。

915 　　儲存期限屆滿，存貨人或者倉單持有人應當憑倉單、入庫單等提取倉儲物。存貨人或者倉單持有人逾期提取的，應當加收倉儲費；提前提取的，不減收倉儲費。

916 　　儲存期限屆滿，存貨人或者倉單持有人不提取倉儲物的，保管人可以催告其在合理期限內提取；逾期不提取的，保管人可以提存倉儲物。

917 　　儲存期內，因保管不善造成倉儲物毀損、滅失的，保管人應當承擔賠償責任。因倉儲物本身的自然性質、包裝不符合約定或者超過有效儲存期造成倉儲物變質、損壞的，保管人不承擔賠償責任。

918 　　本章沒有規定的，適用保管合同的有關規定。

第二十三章　委託合同

919 　　委託合同是委託人和受託人約定，由受託人處理委託人事務的合同。

920 　　委託人可以特別委託受託人處理一項或者數項事

務，也可以概括委託受託人處理一切事務。

921　　委託人應當預付處理委託事務的費用。受託人為處理委託事務墊付的必要費用，委託人應當償還該費用並支付利息。

922　　受託人應當按照委託人的指示處理委託事務。需要變更委託人指示的，應當經委託人同意；因情況緊急，難以和委託人取得聯繫的，受託人應當妥善處理委託事務，但是事後應當將該情況及時報告委託人。

923　　受託人應當親自處理委託事務。經委託人同意，受託人可以轉委託。轉委託經同意或者追認的，委託人可以就委託事務直接指示轉委託的第三人，受託人僅就第三人的選任及其對第三人的指示承擔責任。轉委託未經同意或者追認的，受託人應當對轉委託的第三人的行為承擔責任；但是，在緊急情況下受託人為了維護委託人的利益需要轉委託第三人的除外。

924　　受託人應當按照委託人的要求，報告委託事務的處理情況。委託合同終止時，受託人應當報告委託事務的結果。

925　　受託人以自己的名義，在委託人的授權範圍內與第三人訂立的合同，第三人在訂立合同時知道受託人與委託人之間的代理關係的，該合同直接約束委託人和第三人；但是，有確切證據證明該合同只約束受託人和第三人的除外。

926　　受託人以自己的名義與第三人訂立合同時，第三人不知道受託人與委託人之間的代理關係的，受託人因第三人的原因對委託人不履行義務，受託人應當向委託人披露第三人，委託人因此可以行使受託人對第三人的權利。但是，第三人與受託人訂立合同時如果知道該委託人就不會訂立合同的除外。

　　受託人因委託人的原因對第三人不履行義務，受託人應當向第三人披露委託人，第三人因此可以選擇受託人或者委託人作為相對人主張其權利，但是第三人不得變更選定的相對人。

　　委託人行使受託人對第三人的權利的，第三人可以

向委託人主張其對受託人的抗辯。第三人選定委託人作為其相對人的，委託人可以向第三人主張其對受託人的抗辯以及受託人對第三人的抗辯。

927　受託人處理委託事務取得的財產，應當轉交給委託人。

928　受託人完成委託事務的，委託人應當按照約定向其支付報酬。

因不可歸責於受託人的事由，委託合同解除或者委託事務不能完成的，委託人應當向受託人支付相應的報酬。當事人另有約定的，按照其約定。

929　有償的委託合同，因受託人的過錯造成委託人損失的，委託人可以請求賠償損失。無償的委託合同，因受託人的故意或者重大過失造成委託人損失的，委託人可以請求賠償損失。

受託人超越權限造成委託人損失的，應當賠償損失。

930　受託人處理委託事務時，因不可歸責於自己的事由受到損失的，可以向委託人請求賠償損失。

931　委託人經受託人同意，可以在受託人之外委託第三人處理委託事務。因此造成受託人損失的，受託人可以向委託人請求賠償損失。

932　兩個以上的受託人共同處理委託事務的，對委託人承擔連帶責任。

933　委託人或者受託人可以隨時解除委託合同。因解除合同造成對方損失的，除不可歸責於該當事人的事由外，無償委託合同的解除方應當賠償因解除時間不當造成的直接損失，有償委託合同的解除方應當賠償對方的直接損失和合同履行後可以獲得的利益。

934　委託人死亡、終止或者受託人死亡、喪失民事行為能力、終止的，委託合同終止；但是，當事人另有約定或者根據委託事務的性質不宜終止的除外。

935　因委託人死亡或者被宣告破產、解散，致使委託合同終止將損害委託人利益的，在委託人的繼承人、遺產管理人或者清算人承受委託事務之前，受託人應當繼續

處理委託事務。

936　　因受託人死亡、喪失民事行為能力或者被宣告破產、解散，致使委託合同終止的，受託人的繼承人、遺產管理人、法定代理人或者清算人應當及時通知委託人。因委託合同終止將損害委託人利益的，在委託人作出善後處理之前，受託人的繼承人、遺產管理人、法定代理人或者清算人應當採取必要措施。

第二十四章　物業服務合同

937　　物業服務合同是物業服務人在物業服務區域內，為業主提供建築物及其附屬設施的維修養護、環境衛生和相關秩序的管理維護等物業服務，業主支付物業費的合同。

　　物業服務人包括物業服務企業和其他管理人。

938　　物業服務合同的內容一般包括服務事項、服務質量、服務費用的標準和收取辦法、維修資金的使用、服務用房的管理和使用、服務期限、服務交接等條款。

　　物業服務人公開作出的有利於業主的服務承諾，為物業服務合同的組成部分。

　　物業服務合同應當採用書面形式。

939　　建設單位依法與物業服務人訂立的前期物業服務合同，以及業主委員會與業主大會依法選聘的物業服務人訂立的物業服務合同，對業主具有法律約束力。

940　　建設單位依法與物業服務人訂立的前期物業服務合同約定的服務期限屆滿前，業主委員會或者業主與新物業服務人訂立的物業服務合同生效，前期物業服務合同終止。

941　　物業服務人將物業服務區域內的部分專項服務事項委託給專業性服務組織或者其他第三人的，應當就該部分專項服務事項向業主負責。

　　物業服務人不得將其應當提供的全部物業服務轉委託給第三人，或者將全部物業服務支解後分別轉委託給第三人。

942　　　物業服務人應當按照約定和物業的使用性質，妥善維修、養護、清潔、綠化和經營管理物業服務區域內的業主共有部分，維護物業服務區域內的基本秩序，採取合理措施保護業主的人身、財產安全。

　　　對物業服務區域內違反有關治安、環保、消防等法律法規的行為，物業服務人應當及時採取合理措施制止、向有關行政主管部門報告並協助處理。

943　　　物業服務人應當定期將服務的事項、負責人員、質量要求、收費項目、收費標準、履行情況，以及維修資金使用情況、業主共有部分的經營與收益情況等以合理方式向業主公開並向業主大會、業主委員會報告。

944　　　業主應當按照約定向物業服務人支付物業費。物業服務人已經按照約定和有關規定提供服務的，業主不得以未接受或者無需接受相關物業服務為由拒絕支付物業費。

　　　業主違反約定逾期不支付物業費的，物業服務人可以催告其在合理期限內支付；合理期限屆滿仍不支付的，物業服務人可以提起訴訟或者申請仲裁。

　　　物業服務人不得採取停止供電、供水、供熱、供燃氣等方式催交物業費。

945　　　業主裝飾裝修房屋的，應當事先告知物業服務人，遵守物業服務人提示的合理注意事項，並配合其進行必要的現場檢查。

　　　業主轉讓、出租物業專有部分、設立居住權或者依法改變共有部用途的，應當及時將相關情況告知物業服務人。

946　　　業主依照法定程序共同決定解聘物業服務人的，可以解除物業服務合同。決定解聘的，應當提前六十日書面通知物業服務人，但是合同對通知期限另有約定的除外。

　　　依據前款規定解除合同造成物業服務人損失的，除不可歸責於業主的事由外，業主應當賠償損失。

947　　　物業服務期限屆滿前，業主依法共同決定續聘的，應當與原物業服務人在合同期限屆滿前續訂物業服務合同。

物業服務期限屆滿前，物業服務人不同意續聘的，應當在合同期限屆滿前九十日書面通知業主或者業主委員會，但是合同對通知期限另有約定的除外。

948　　物業服務期限屆滿後，業主沒有依法作出續聘或者另聘物業服務人的決定，物業服務人繼續提供物業服務的，原物業服務合同繼續有效，但是服務期限為不定期。

　　當事人可以隨時解除不定期物業服務合同，但是應當提前六十日書面通知對方。

949　　物業服務合同終止的，原物業服務人應當在約定期限或者合理期限內退出物業服務區域，將物業服務用房、相關設施、物業服務所必需的相關資料等交還給業主委員會、決定自行管理的業主或者其指定的人，配合新物業服務人做好交接工作，並如實告知物業的使用和管理狀況。

　　原物業服務人違反前款規定的，不得請求業主支付物業服務合同終止後的物業費；造成業主損失的，應當賠償損失。

950　　物業服務合同終止後，在業主或者業主大會選聘的新物業服務人或者決定自行管理的業主接管之前，原物業服務人應當繼續處理物業服務事項，並可以請求業主支付該期間的物業費。

第二十五章　行紀合同

951　　行紀合同是行紀人以自己的名義為委託人從事貿易活動，委託人支付報酬的合同。

952　　行紀人處理委託事務支出的費用，由行紀人負擔，但是當事人另有約定的除外。

953　　行紀人佔有委託物的，應當妥善保管委託物。

954　　委託物交付給行紀人時有瑕疵或者容易腐爛、變質的，經委託人同意，行紀人可以處分該物；不能與委託人及時取得聯繫的，行紀人可以合理處分。

955　　行紀人低於委託人指定的價格賣出或者高於委託人

指定的價格買入的，應當經委託人同意；未經委託人同意，行紀人補償其差額的，該買賣對委託人發生效力。

行紀人高於委託人指定的價格賣出或者低於委託人指定的價格買入的，可以按照約定增加報酬；沒有約定或者約定不明確，依據本法第五百一十條的規定仍不能確定的，該利益屬於委託人。

委託人對價格有特別指示的，行紀人不得違背該指示賣出或者買入。

956　　行紀人賣出或者買入具有市場定價的商品，除委託人有相反的意思表示外，行紀人自己可以作為買受人或者出賣人。

行紀人有前款規定情形的，仍然可以請求委託人支付報酬。

957　　行紀人按照約定買入委託物，委託人應當及時受領。經行紀人催告，委託人無正當理由拒絕受領的，行紀人依法可以提存委託物。

委託物不能賣出或者委託人撤回出賣，經行紀人催告，委託人不取回或者不處分該物的，行紀人依法可以提存委託物。

958　　行紀人與第三人訂立合同的，行紀人對該合同直接享有權利、承擔義務。

第三人不履行義務致使委託人受到損害的，行紀人應當承擔賠償責任，但是行紀人與委託人另有約定的除外。

959　　行紀人完成或者部分完成委託事務的，委託人應當向其支付相應的報酬。委託人逾期不支付報酬的，行紀人對委託物享有留置權，但是當事人另有約定的除外。

960　　本章沒有規定的，參照適用委託合同的有關規定。

第二十六章　中介合同

961　　中介合同是中介人向委託人報告訂立合同的機會或者提供訂立合同的媒介服務，委託人支付報酬的合同。

962　　中介人應當就有關訂立合同的事項向委託人如實報告。

中介人故意隱瞞與訂立合同有關的重要事實或者提供虛假情況，損害委託人利益的，不得請求支付報酬並應當承擔賠償責任。

963　　中介人促成合同成立的，委託人應當按照約定支付報酬。對中介人的報酬沒有約定或者約定不明確，依據本法第五百一十條的規定仍不能確定的，根據中介人的勞務合理確定。因中介人提供訂立合同的媒介服務而促成合同成立的，由該合同的當事人平均負擔中介人的報酬。

中介人促成合同成立的，中介活動的費用，由中介人負擔。

964　　中介人未促成合同成立的，不得請求支付報酬；但是，可以按照約定請求委託人支付從事中介活動支出的必要費用。

965　　委託人在接受中介人的服務後，利用中介人提供的交易機會或者媒介服務，繞開中介人直接訂立合同的，應當向中介人支付報酬。

966　　本章沒有規定的，參照適用委託合同的有關規定。

第二十七章　合夥合同

967　　合夥合同是兩個以上合夥人為了共同的事業目的，訂立的共享利益、共擔風險的協議。

968　　合夥人應當按照約定的出資方式、數額和繳付期限，履行出資義務。

969　　合夥人的出資、因合夥事務依法取得的收益和其他財產，屬於合夥財產。

合夥合同終止前，合夥人不得請求分割合夥財產。

970　　合夥人就合夥事務作出決定的，除合夥合同另有約定外，應當經全體合夥人一致同意。

合夥事務由全體合夥人共同執行。按照合夥合同的約定或者全體合夥人的決定，可以委託一個或者數個合夥人執行合夥事務；其他合夥人不再執行合夥事務，但是有權監督執行情況。

合夥人分別執行合夥事務的，執行事務合夥人可以對其他合夥人執行的事務提出異議；提出異議後，其他合夥人應當暫停該項事務的執行。

971　　合夥人不得因執行合夥事務而請求支付報酬，但是合夥合同另有約定的除外。

972　　合夥的利潤分配和虧損分擔，按照合夥合同的約定辦理；合夥合同沒有約定或者約定不明確的，由合夥人協商決定；協商不成的，由合夥人按照實繳出資比例分配、分擔；無法確定出資比例的，由合夥人平均分配、分擔。

973　　合夥人對合夥債務承擔連帶責任。清償合夥債務超過自己應當承擔份額的合夥人，有權向其他合夥人追償。

974　　除合夥合同另有約定外，合夥人向合夥人以外的人轉讓其全部或者部分財產份額的，須經其他合夥人一致同意。

975　　合夥人的債權人不得代位行使合夥人依照本章規定和合夥合同享有的權利，但是合夥人享有的利益分配請求權除外。

976　　合夥人對合夥期限沒有約定或者約定不明確，依據本法第五百一十條的規定仍不能確定的，視為不定期合夥。

合夥期限屆滿，合夥人繼續執行合夥事務，其他合夥人沒有提出異議的，原合夥合同繼續有效，但是合夥期限為不定期。

合夥人可以隨時解除不定期合夥合同，但是應當在合理期限之前通知其他合夥人。

977　　合夥人死亡、喪失民事行為能力或者終止的，合夥合同終止；但是，合夥合同另有約定或者根據合夥事務的性質不宜終止的除外。

978　　合夥合同終止後，合夥財產在支付因終止而產生的費用以及清償合夥債務後有剩餘的，依據本法第九百七十二條的規定進行分配。

第三分編　準合同

第二十八章　無因管理

979　　管理人沒有法定的或者約定的義務，為避免他人利益受損失而管理他人事務的，可以請求受益人償還因管理事務而支出的必要費用；管理人因管理事務受到損失的，可以請求受益人給予適當補償。

　　管理事務不符合受益人真實意思的，管理人不享有前款規定的權利；但是，受益人的真實意思違反法律或者違背公序良俗的除外。

980　　管理人管理事務不屬於前條規定的情形，但是受益人享有管理利益的，受益人應當在其獲得的利益範圍內向管理人承擔前條第一款規定的義務。

981　　管理人管理他人事務，應當採取有利於受益人的方法。中斷管理對受益人不利的，無正當理由不得中斷。

982　　管理人管理他人事務，能夠通知受益人的，應當及時通知受益人。管理的事務不需要緊急處理的，應當等待受益人的指示。

983　　管理結束後，管理人應當向受益人報告管理事務的情況。管理人管理事務取得的財產，應當及時轉交給受益人。

984　　管理人管理事務經受益人事後追認的，從管理事務開始時起，適用委託合同的有關規定，但是管理人另有意思表示的除外。

第二十九章　不當得利

985　　得利人沒有法律根據取得不當利益的，受損失的人可以請求得利人返還取得的利益，但是有下列情形之一的除外：

　　（一）為履行道德義務進行的給付；

　　（二）債務到期之前的清償；

　　（三）明知無給付義務而進行的債務清償。

986　　　得利人不知道且不應當知道取得的利益沒有法律根據，取得的利益已經不存在的，不承擔返還該利益的義務。

987　　　得利人知道或者應當知道取得的利益沒有法律根據的，受損失的人可以請求得利人返還其取得的利益並依法賠償損失。

988　　　得利人已經將取得的利益無償轉讓給第三人的，受損失的人可以請求第三人在相應範圍內承擔返還義務。

第四編

人格權

第一章　一般規定

989　　本編調整因人格權的享有和保護產生的民事關係。

990　　人格權是民事主體享有的生命權、身體權、健康權、姓名權、名稱權、肖像權、名譽權、榮譽權、隱私權等權利。

　　除前款規定的人格權外，自然人享有基於人身自由、人格尊嚴產生的其他人格權益。

991　　民事主體的人格權受法律保護，任何組織或者個人不得侵害。

992　　人格權不得放棄、轉讓或者繼承。

993　　民事主體可以將自己的姓名、名稱、肖像等許可他人使用，但是依照法律規定或者根據其性質不得許可的除外。

994　　死者的姓名、肖像、名譽、榮譽、隱私、遺體等受到侵害的，其配偶、子女、父母有權依法請求行為人承擔民事責任；死者沒有配偶、子女且父母已經死亡的，其他近親屬有權依法請求行為人承擔民事責任。

995　　人格權受到侵害的，受害人有權依照本法和其他法律的規定請求行為人承擔民事責任。受害人的停止侵害、排除妨礙、消除危險、消除影響、恢復名譽、賠禮道歉請求權，不適用訴訟時效的規定。

996　　因當事人一方的違約行為，損害對方人格權並造成嚴重精神損害，受損害方選擇請求其承擔違約責任的，不影響受損害方請求精神損害賠償。

997　　民事主體有證據證明行為人正在實施或者即將實施侵害其人格權的違法行為，不及時制止將使其合法權益受到難以彌補的損害的，有權依法向人民法院申請採取責令行為人停止有關行為的措施。

998　　認定行為人承擔侵害除生命權、身體權和健康權外的人格權的民事責任，應當考慮行為人和受害人的職業、影響範圍、過錯程度，以及行為的目的、方式、後果等因素。

　　為公共利益實施新聞報道、輿論監督等行為的，可以合理使用民事主體的姓名、名稱、肖像、個人信息等；使用不合理侵害民事主體人格權的，應當依法承擔民事責任。

　　行為人因侵害人格權承擔消除影響、恢復名譽、賠禮道歉等民事責任的，應當與行為的具體方式和造成的影響範圍相當。

　　行為人拒不承擔前款規定的民事責任的，人民法院可以採取在報刊、網絡等媒體上發佈公告或者公佈生效裁判文書等方式執行，產生的費用由行為人負擔。

　　對自然人因婚姻家庭關係等產生的身份權利的保護，適用本法第一編、第五編和其他法律的相關規定；沒有規定的，可以根據其性質參照適用本編人格權保護的有關規定。

第二章　生命權、身體權和健康權

　　自然人享有生命權。自然人的生命安全和生命尊嚴受法律保護。任何組織或者個人不得侵害他人的生命權。

　　自然人享有身體權。自然人的身體完整和行動自由受法律保護。任何組織或者個人不得侵害他人的身體權。

　　自然人享有健康權。自然人的身心健康受法律保護。任何組織或者個人不得侵害他人的健康權。

　　自然人的生命權、身體權、健康權受到侵害或者處於其他危難情形的，負有法定救助義務的組織或者個人應當及時施救。

　　完全民事行為能力人有權依法自主決定無償捐獻其人體細胞、人體組織、人體器官、遺體。任何組織或者個人不得強迫、欺騙、利誘其捐獻。

　　完全民事行為能力人依據前款規定同意捐獻的，應當採用書面形式，也可以訂立遺囑。

　　自然人生前未表示不同意捐獻的，該自然人死亡後，其配偶、成年子女、父母可以共同決定捐獻，決定捐獻應當採用書面形式。

1007　　　禁止以任何形式買賣人體細胞、人體組織、人體器官、遺體。

　　　違反前款規定的買賣行為無效。

1008　　　為研製新藥、醫療器械或者發展新的預防和治療方法，需要進行臨床試驗的，應當依法經相關主管部門批准並經倫理委員會審查同意，向受試者或者受試者的監護人告知試驗目的、用途和可能產生的風險等詳細情況，並經其書面同意。

　　　進行臨床試驗的，不得向受試者收取試驗費用。

1009　　　從事與人體基因、人體胚胎等有關的醫學和科研活動，應當遵守法律、行政法規和國家有關規定，不得危害人體健康，不得違背倫理道德，不得損害公共利益。

1010　　　違背他人意願，以言語、文字、圖像、肢體行為等方式對他人實施性騷擾的，受害人有權依法請求行為人承擔民事責任。

　　　機關、企業、學校等單位應當採取合理的預防、受理投訴、調查處置等措施，防止和制止利用職權、從屬關係等實施性騷擾。

1011　　　以非法拘禁等方式剝奪、限制他人的行動自由，或者非法搜查他人身體的，受害人有權依法請求行為人承擔民事責任。

第三章　姓名權和名稱權

1012　　　自然人享有姓名權，有權依法決定、使用、變更或者許可他人使用自己的姓名，但是不得違背公序良俗。

1013　　　法人、非法人組織享有名稱權，有權依法決定、使用、變更、轉讓或者許可他人使用自己的名稱。

1014　　　任何組織或者個人不得以干涉、盜用、假冒等方式侵害他人的姓名權或者名稱權。

1015　　　自然人應當隨父姓或者母姓，但是有下列情形之一的，可以在父姓和母姓之外選取姓氏：

　　　（一）選取其他直系長輩血親的姓氏；

（二）因由法定扶養人以外的人扶養而選取扶養人姓氏；

（三）有不違背公序良俗的其他正當理由。

少數民族自然人的姓氏可以遵從本民族的文化傳統和風俗習慣。

1016　自然人決定、變更姓名，或者法人、非法人組織決定、變更、轉讓名稱的，應當依法向有關機關辦理登記手續，但是法律另有規定的除外。

民事主體變更姓名、名稱的，變更前實施的民事法律行為對其具有法律約束力。

1017　具有一定社會知名度，被他人使用足以造成公眾混淆的筆名、藝名、網名、譯名、字號、姓名和名稱的簡稱等，參照適用姓名權和名稱權保護的有關規定。

第四章　肖像權

1018　自然人享有肖像權，有權依法製作、使用、公開或者許可他人使用自己的肖像。

肖像是通過影像、雕塑、繪畫等方式在一定載體上所反映的特定自然人可以被識別的外部形象。

1019　任何組織或者個人不得以醜化、污損，或者利用信息技術手段偽造等方式侵害他人的肖像權。未經肖像權人同意，不得製作、使用、公開肖像權人的肖像，但是法律另有規定的除外。

未經肖像權人同意，肖像作品權利人不得以發表、複製、發行、出租、展覽等方式使用或者公開肖像權人的肖像。

1020　合理實施下列行為的，可以不經肖像權人同意：

（一）為個人學習、藝術欣賞、課堂教學或者科學研究，在必要範圍內使用肖像權人已經公開的肖像；

（二）為實施新聞報道，不可避免地製作、使用、公開肖像權人的肖像；

（三）為依法履行職責，國家機關在必要範圍內製作、使用、公開肖像權人的肖像；

（四）為展示特定公共環境，不可避免地製作、使用、公開肖像權人的肖像；

（五）為維護公共利益或者肖像權人合法權益，製作、使用、公開肖像權人的肖像的其他行為。

1021　　當事人對肖像許可使用合同中關於肖像使用條款的理解有爭議的，應當作出有利於肖像權人的解釋。

1022　　當事人對肖像許可使用期限沒有約定或者約定不明確的，任何一方當事人可以隨時解除肖像許可使用合同，但是應當在合理期限之前通知對方。

當事人對肖像許可使用期限有明確約定，肖像權人有正當理由的，可以解除肖像許可使用合同，但是應當在合理期限之前通知對方。因解除合同造成對方損失的，除不可歸責於肖像權人的事由外，應當賠償損失。

1023　　對姓名等的許可使用，參照適用肖像許可使用的有關規定。

對自然人聲音的保護，參照適用肖像權保護的有關規定。

第五章　名譽權和榮譽權

1024　　民事主體享有名譽權。任何組織或者個人不得以侮辱、誹謗等方式侵害他人的名譽權。

名譽是對民事主體的品德、聲望、才能、信用等的社會評價。

1025　　行為人為公共利益實施新聞報道、輿論監督等行為，影響他人名譽的，不承擔民事責任，但是有下列情形之一的除外：

（一）捏造、歪曲事實；

（二）對他人提供的嚴重失實內容未盡到合理核實義務；

（三）使用侮辱性言辭等貶損他人名譽。

1026　　認定行為人是否盡到前條第二項規定的合理核實義務，應當考慮下列因素：

（一）內容來源的可信度；

（二）對明顯可能引發爭議的內容是否進行了必要的調查；

（三）內容的時限性；

（四）內容與公序良俗的關聯性；

（五）受害人名譽受貶損的可能性；

（六）核實能力和核實成本。

1027　　行為人發表的文學、藝術作品以真人真事或者特定人為描述對象，含有侮辱、誹謗內容，侵害他人名譽權的，受害人有權依法請求該行為人承擔民事責任。

行為人發表的文學、藝術作品不以特定人為描述對象，僅其中的情節與該特定人的情況相似的，不承擔民事責任。

1028　　民事主體有證據證明報刊、網絡等媒體報道的內容失實，侵害其名譽權的，有權請求該媒體及時採取更正或者刪除等必要措施。

1029　　民事主體可以依法查詢自己的信用評價；發現信用評價不當的，有權提出異議並請求採取更正、刪除等必要措施。信用評價人應當及時核查，經核查屬實的，應當及時採取必要措施。

1030　　民事主體與徵信機構等信用信息處理者之間的關係，適用本編關個人信息保護的規定和其他法律、行政法規的有關規定。

1031　　民事主體享有榮譽權。任何組織或者個人不得非法剝奪他人的榮譽稱號，不得詆毀、貶損他人的榮譽。

獲得的榮譽稱號應當記載而沒有記載的，民事主體可以請求記載；獲得的榮譽稱號記載錯誤的，民事主體可以請求更正。

第六章　隱私權和個人信息保護

1032　　自然人享有隱私權。任何組織或者個人不得以刺探、侵擾、洩露、公開等方式侵害他人的隱私權。

隱私是自然人的私人生活安寧和不願為他人知曉的私密空間、私密活動、私密信息。

1033　　　　除法律另有規定或者權利人明確同意外，任何組織或者個人不得實施下列行為：

　　　　（一）以電話、短信、即時通訊工具、電子郵件、傳單等方式侵擾他人的私人生活安寧；

　　　　（二）進入、拍攝、窺視他人的住宅、賓館房間等私密空間；

　　　　（三）拍攝、窺視、竊听、公開他人的私密活動；

　　　　（四）拍攝、窺視他人身體的私密部位；

　　　　（五）處理他人的私密信息；

　　　　（六）以其他方式侵害他人的隱私權。

1034　　　　自然人的個人信息受法律保護。

　　　　個人信息是以電子或者其他方式記錄的能夠單獨或者與其他信息結合識別特定自然人的各種信息，包括自然人的姓名、出生日期、身份證件號碼、生物識別信息、住址、電話號碼、電子郵箱、健康信息、行蹤信息等。

　　　　個人信息中的私密信息，適用有關隱私權的規定；沒有規定的，適用有關個人信息保護的規定。

1035　　　　處理個人信息的，應當遵循合法、正當、必要原則，不得過度處理，並符合下列條件：

　　　　（一）徵得該自然人或者其監護人同意，但是法律、行政法規另有規定的除外；

　　　　（二）公開處理信息的規則；

　　　　（三）明示處理信息的目的、方式和範圍；

　　　　（四）不違反法律、行政法規的規定和雙方的約定。

　　　　個人信息的處理包括個人信息的收集、存儲、使用、加工、傳輸、提供、公開等。

1036　　　　處理個人信息，有下列情形之一的，行為人不承擔民事責任：

　　　　（一）在該自然人或者其監護人同意的範圍內合理實施的行為；

　　　　（二）合理處理該自然人自行公開的或者其他已經合法公開的信息，但是該自然人明確拒絕或者處理該信息侵害其重大利益的除外；

　　　　（三）為維護公共利益或者該自然人合法權益，合理實施的其他行為。

1037 　　自然人可以依法向信息處理者查閱或者複製其個人信息；發現信息有錯誤的，有權提出異議並請求及時採取更正等必要措施。

　　自然人發現信息處理者違反法律、行政法規的規定或者雙方的約定處理其個人信息的，有權請求信息處理者及時刪除。

1038 　　信息處理者不得洩露或者篡改其收集、存儲的個人信息；未經自然人同意，不得向他人非法提供其個人信息，但是經過加工無法識別特定個人且不能復原的除外。

　　信息處理者應當採取技術措施和其他必要措施，確保其收集、存儲的個人信息安全，防止信息洩露、篡改、丟失；發生或者可能發生個人信息洩露、篡改、丟失的，應當及時採取補救措施，按照規定告知自然人並向有關主管部門報告。

1039 　　國家機關、承擔行政職能的法定機構及其工作人員對於履行職責過程中知悉的自然人的隱私和個人信息，應當予以保密，不得洩露或者向他人非法提供。

第五編

婚姻家庭

第一章　一般規定

1040　本編調整因婚姻家庭產生的民事關係。

1041　婚姻家庭受國家保護。

實行婚姻自由、一夫一妻、男女平等的婚姻制度。

保護婦女、未成年人、老年人、殘疾人的合法權益。

1042　禁止包辦、買賣婚姻和其他干涉婚姻自由的行為。禁止藉婚姻索取財物。

禁止重婚。禁止有配偶者與他人同居。

禁止家庭暴力。禁止家庭成員間的虐待和遺棄。

1043　家庭應當樹立優良家風，弘揚家庭美德，重視家庭文明建設。

夫妻應當互相忠實，互相尊重，互相關愛；家庭成員應當敬老愛幼，互相幫助，維護平等、和睦、文明的婚姻家庭關係。

1044　收養應當遵循最有利於被收養人的原則，保障被收養人和收養人的合法權益。

禁止藉收養名義買賣未成年人。

1045　親屬包括配偶、血親和姻親。

配偶、父母、子女、兄弟姐妹、祖父母、外祖父母、孫子女、外孫子女為近親屬。

配偶、父母、子女和其他共同生活的近親屬為家庭成員。

第二章　結婚

1046　結婚應當男女雙方完全自願，禁止任何一方對另一方加以強迫，禁止任何組織或者個人加以干涉。

1047　結婚年齡，男不得早於二十二周歲，女不得早於二十周歲。

1048　直系血親或者三代以內的旁系血親禁止結婚。

1049　要求結婚的男女雙方應當親自到婚姻登記機關申請結婚登記。符合本法規定的，予以登記，發給結婚證。

完成結婚登記，即確立婚姻關係。未辦理結婚登記的，應當補辦登記。

1050　　登記結婚後，按照男女雙方約定，女方可以成為男方家庭的成員，男方可以成為女方家庭的成員。

1051　　有下列情形之一的，婚姻無效：

（一）重婚；

（二）有禁止結婚的親屬關係；

（三）未到法定婚齡。

1052　　因脅迫結婚的，受脅迫的一方可以向人民法院請求撤銷婚姻。

請求撤銷婚姻的，應當自脅迫行為終止之日起一年內提出。

被非法限制人身自由的當事人請求撤銷婚姻的，應當自恢復人身自由之日起一年內提出。

1053　　一方患有重大疾病的，應當在結婚登記前如實告知另一方；不如實告知的，另一方可以向人民法院請求撤銷婚姻。

請求撤銷婚姻的，應當自知道或者應當知道撤銷事由之日起一年內提出。

1054　　無效的或者被撤銷的婚姻自始沒有法律約束力，當事人不具有夫妻的權利和義務。同居期間所得的財產，由當事人協議處理；協議不成的，由人民法院根據照顧無過錯方的原則判決。對重婚導致的無效婚姻的財產處理，不得侵害合法婚姻當事人的財產權益。當事人所生的子女，適用本法關於父母子女的規定。

婚姻無效或者被撤銷的，無過錯方有權請求損害賠償。

第三章　家庭關係

第一節　夫妻關係

1055　　夫妻在婚姻家庭中地位平等。

1056　　夫妻雙方都有各自使用自己姓名的權利。

1057	夫妻雙方都有參加生產、工作、學習和社會活動的自由，一方不得對另一方加以限制或者干涉。
1058	夫妻雙方平等享有對未成年子女撫養、教育和保護的權利，共同承擔對未成年子女撫養、教育和保護的義務。
1059	夫妻有相互扶養的義務。 需要扶養的一方，在另一方不履行扶養義務時，有要求其給付扶養費的權利。
1060	夫妻一方因家庭日常生活需要而實施的民事法律行為，對夫妻雙方發生效力，但是夫妻一方與相對人另有約定的除外。 夫妻之間對一方可以實施的民事法律行為範圍的限制，不得對抗善意相對人。
1061	夫妻有相互繼承遺產的權利。
1062	夫妻在婚姻關係存續期間所得的下列財產，為夫妻的共同財產，歸夫妻共同所有： （一）工資、獎金、勞務報酬； （二）生產、經營、投資的收益； （三）知識產權的收益； （四）繼承或者受贈的財產，但是本法第一千零六十三條第三項規定的除外； （五）其他應當歸共同所有的財產。 夫妻對共同財產，有平等的處理權。
1063	下列財產為夫妻一方的個人財產： （一）一方的婚前財產； （二）一方因受到人身損害獲得的賠償或者補償； （三）遺囑或者贈與合同中確定只歸一方的財產； （四）一方專用的生活用品； （五）其他應當歸一方的財產。
1064	夫妻雙方共同簽名或者夫妻一方事後追認等共同意思表示所負的債務，以及夫妻一方在婚姻關係存續期間以個人名義為家庭日常生活需要所負的債務，屬於夫妻共同債務。

夫妻一方在婚姻關係存續期間以個人名義超出家庭日常生活需要所負的債務，不屬於夫妻共同債務；但是，債權人能夠證明該債務用於夫妻共同生活、共同生產經營或者基於夫妻雙方共同意思表示的除外。

1065　　男女雙方可以約定婚姻關係存續期間所得的財產以及婚前財產歸各自所有、共同所有或者部分各自所有、部分共同所有。約定應當採用書面形式。沒有約定或者約定不明確的，適用本法第一千零六十二條、第一千零六十三條的規定。

　　夫妻對婚姻關係存續期間所得的財產以及婚前財產的約定，對雙方具有法律約束力。

　　夫妻對婚姻關係存續期間所得的財產約定歸各自所有，夫或者妻一方對外所負的債務，相對人知道該約定的，以夫或者妻一方的個人財產清償。

1066　　婚姻關係存續期間，有下列情形之一的，夫妻一方可以向人民法院請求分割共同財產：

　　（一）一方有隱藏、轉移、變賣、毀損、揮霍夫妻共同財產或者偽造夫妻共同債務等嚴重損害夫妻共同財產利益的行為；

　　（二）一方負有法定扶養義務的人患重大疾病需要醫治，另一方不同意支付相關醫療費用。

第二節　父母子女關係和其他近親屬關係

1067　　父母不履行撫養義務的，未成年子女或者不能獨立生活的成年子女，有要求父母給付撫養費的權利。

　　成年子女不履行贍養義務的，缺乏勞動能力或者生活困難的父母，有要求成年子女給付贍養費的權利。

1068　　父母有教育、保護未成年子女的權利和義務。未成年子女造成他人損害的，父母應當依法承擔民事責任。

1069　　子女應當尊重父母的婚姻權利，不得干涉父母離婚、再婚以及婚後的生活。子女對父母的贍養義務，不因父母的婚姻關係變化而終止。

1070　　父母和子女有相互繼承遺產的權利。

1071　　非婚生子女享有與婚生子女同等的權利，任何組織或者個人不得加以危害和歧視。

　　不直接撫養非婚生子女的生父或者生母，應當負擔未成年子女或者不能獨立生活的成年子女的撫養費。

1072　　繼父母與繼子女間，不得虐待或者歧視。

　　繼父或者繼母和受其撫養教育的繼子女間的權利義務關係，適用本法關於父母子女關係的規定。

1073　　對親子關係有異議且有正當理由的，父或者母可以向人民法院提起訴訟，請求確認或者否認親子關係。

　　對親子關係有異議且有正當理由的，成年子女可以向人民法院提起訴訟，請求確認親子關係。

1074　　有負擔能力的祖父母、外祖父母，對於父母已經死亡或者父母無力撫養的未成年孫子女、外孫子女，有撫養的義務。

　　有負擔能力的孫子女、外孫子女，對於子女已經死亡或者子女無力贍養的祖父母、外祖父母，有贍養的義務。

1075　　有負擔能力的兄、姐，對於父母已經死亡或者父母無力撫養的未成年弟、妹，有扶養的義務。

　　由兄、姐扶養長大的有負擔能力的弟、妹，對於缺乏勞動能力又缺乏生活來源的兄、姐，有扶養的義務。

第四章　　離婚

1076　　夫妻雙方自願離婚的，應當簽訂書面離婚協議，並親自到婚姻登記機關申請離婚登記。

　　離婚協議應當載明雙方自願離婚的意思表示和對子女撫養、財產以及債務處理等事項協商一致的意見。

1077　　自婚姻登記機關收到離婚登記申請之日起三十日內，任何一方不願意離婚的，可以向婚姻登記機關撤回離婚登記申請。

　　前款規定期限屆滿後三十日內，雙方應當親自到婚姻登記機關申請發給離婚證；未申請的，視為撤回離婚登記申請。

1078　　　婚姻登記機關查明雙方確實是自願離婚,並已經對子女撫養、財產以及債務處理等事項協商一致的,予以登記,發給離婚證。

1079　　　夫妻一方要求離婚的,可以由有關組織進行調解或者直接向人民法院提起離婚訴訟。

　　　人民法院審理離婚案件,應當進行調解;如果感情確已破裂,調解無效的,應當准予離婚。

　　　有下列情形之一,調解無效的,應當准予離婚:

　　　(一)重婚或者與他人同居;

　　　(二)實施家庭暴力或者虐待、遺棄家庭成員;

　　　(三)有賭博、吸毒等惡習屢教不改;

　　　(四)因感情不和分居滿二年;

　　　(五)其他導致夫妻感情破裂的情形。

　　　一方被宣告失蹤,另一方提起離婚訴訟的,應當准予離婚。

　　　經人民法院判決不准離婚後,雙方又分居滿一年,一方再次提起離婚訴訟的,應當准予離婚。

1080　　　完成離婚登記,或者離婚判決書、調解書生效,即解除婚姻關係。

1081　　　現役軍人的配偶要求離婚,應當徵得軍人同意,但是軍人一方有重大過錯的除外。

1082　　　女方在懷孕期間、分娩後一年內或者終止妊娠後六個月內,男方不得提出離婚;但是,女方提出離婚或者人民法院認為確有必要受理男方離婚請求的除外。

1083　　　離婚後,男女雙方自願恢復婚姻關係的,應當到婚姻登記機關重新進行結婚登記。

1084　　　父母與子女間的關係,不因父母離婚而消除。離婚後,子女無論由父或者母直接撫養,仍是父母雙方的子女。

　　　離婚後,父母對於子女仍有撫養、教育、保護的權利和義務。

　　　離婚後,不滿兩周歲的子女,以由母親直接撫養為原則。已滿兩周歲的子女,父母雙方對撫養問題協議不成的,由人民法院根據雙方的具體情況,按照最有利於未成年子女的原則判決。子女已滿八周歲的,應當尊重

其真實意願。

1085　離婚後，子女由一方直接撫養的，另一方應當負擔部分或者全部撫養費。負擔費用的多少和期限的長短，由雙方協議；協議不成的，由人民法院判決。

前款規定的協議或者判決，不妨礙子女在必要時向父母任何一方提出超過協議或者判決原定數額的合理要求。

1086　離婚後，不直接撫養子女的父或者母，有探望子女的權利，另一方有協助的義務。

行使探望權利的方式、時間由當事人協議；協議不成的，由人民法院判決。

父或者母探望子女，不利於子女身心健康的，由人民法院依法中止探望；中止的事由消失後，應當恢復探望。

1087　離婚時，夫妻的共同財產由雙方協議處理；協議不成的，由人民法院根據財產的具體情況，按照照顧子女、女方和無過錯方權益的原則判決。

對夫或者妻在家庭土地承包經營中享有的權益等，應當依法予以保護。

1088　夫妻一方因撫育子女、照料老年人、協助另一方工作等負擔較多義務的，離婚時有權向另一方請求補償，另一方應當給予補償。具體辦法由雙方協議；協議不成的，由人民法院判決。

1089　離婚時，夫妻共同債務應當共同償還。共同財產不足清償或者財產歸各自所有的，由雙方協議清償；協議不成的，由人民法院判決。

1090　離婚時，如果一方生活困難，有負擔能力的另一方應當給予適當幫助。具體辦法由雙方協議；協議不成的，由人民法院判決。

1091　有下列情形之一，導致離婚的，無過錯方有權請求損害賠償：

（一）重婚；

（二）與他人同居；

（三）實施家庭暴力；

（四）虐待、遺棄家庭成員；

（五）有其他重大過錯。

1092　　夫妻一方隱藏、轉移、變賣、毀損、揮霍夫妻共同財產，或者偽造夫妻共同債務企圖侵佔另一方財產的，在離婚分割夫妻共同財產時，對該方可以少分或者不分。離婚後，另一方發現有上述行為的，可以向人民法院提起訴訟，請求再次分割夫妻共同財產。

第五章　收養

第一節　收養關係的成立

1093　　下列未成年人，可以被收養：

（一）喪失父母的孤兒；

（二）查找不到生父母的未成年人；

（三）生父母有特殊困難無力撫養的子女。

1094　　下列個人、組織可以作送養人：

（一）孤兒的監護人；

（二）兒童福利機構；

（三）有特殊困難無力撫養子女的生父母。

1095　　未成年人的父母均不具備完全民事行為能力且可能嚴重危害該未成年人的，該未成年人的監護人可以將其送養。

1096　　監護人送養孤兒的，應當徵得有撫養義務的人同意。有撫養義務的人不同意送養、監護人不願意繼續履行監護職責的，應當依照本法第一編的規定另行確定監護人。

1097　　生父母送養子女，應當雙方共同送養。生父母一方不明或者查找不到的，可以單方送養。

1098　　收養人應當同時具備下列條件：

（一）無子女或者只有一名子女；

（二）有撫養、教育和保護被收養人的能力；

（三）未患有在醫學上認為不應當收養子女的疾病；

（四）無不利於被收養人健康成長的違法犯罪記錄；

（五）年滿三十周歲。

1099　　收養三代以內旁系同輩血親的子女，可以不受本法第一千零九十三條第三項、第一千零九十四條第三項和第一一百零二條規定的限制。

　　華僑收養三代以內旁系同輩血親的子女，還可以不受本法第一千零九十八條第一項規定的限制。

1100　　無子女的收養人可以收養兩名子女；有子女的收養人只能收養一名子女。

　　收養孤兒、殘疾未成年人或者兒童福利機構撫養的查找不到生父母的未成年人，可以不受前款和本法第一千零九十八條第一項規定的限制。

1101　　有配偶者收養子女，應當夫妻共同收養。

1102　　無配偶者收養異性子女的，收養人與被收養人的年齡應當相差四十周歲以上。

1103　　繼父或者繼母經繼子女的生父母同意，可以收養繼子女，並可以不受本法第一千零九十三條第三項、第一千零九十四條第三項、第一千零九十八條和第一千一百條第一款規定的限制。

1104　　收養人收養與送養人送養，應當雙方自願。收養八周歲以上未成年人的，應當徵得被收養人的同意。

1105　　收養應當向縣級以上人民政府民政部門登記。收養關係自登記之日起成立。

　　收養查找不到生父母的未成年人的，辦理登記的民政部門應當在登記前予以公告。

　　收養關係當事人願意簽訂收養協議的，可以簽訂收養協議。

　　收養關係當事人各方或者一方要求辦理收養公證的，應當辦理收養公證。

　　縣級以上人民政府民政部門應當依法進行收養評估。

1106　　收養關係成立後，公安機關應當按照國家有關規定為被收養人辦理戶口登記。

1107   孤兒或者生父母無力撫養的子女，可以由生父母的親屬、朋友撫養；撫養人與被撫養人的關係不適用本章規定。

1108   配偶一方死亡，另一方送養未成年子女的，死亡一方的父母有優先撫養的權利。

1109   外國人依法可以在中華人民共和國收養子女。

外國人在中華人民共和國收養子女，應當經其所在國主管機關依照該國法律審查同意。收養人應當提供由其所在國有權機構出具的有關其年齡、婚姻、職業、財產、健康、有無受過刑事處罰等狀況的證明材料，並與送養人簽訂書面協議，親自向省、自治區、直轄市人民政府民政部門登記。

前款規定的證明材料應當經收養人所在國外交機關或者外交機關授權的機構認證，並經中華人民共和國駐該國使領館認證，但是國家另有規定的除外。

1110   收養人、送養人要求保守收養秘密的，其他人應當尊重其意願，不得洩露。

第二節　收養的效力

1111   自收養關係成立之日起，養父母與養子女間的權利義務關係，適用本法關於父母子女關係的規定；養子女與養父母的近親屬間的權利義務關係，適用本法關於子女與父母的近親屬關係的規定。

養子女與生父母以及其他近親屬間的權利義務關係，因收養關係的成立而消除。

1112   養子女可以隨養父或者養母的姓氏，經當事人協商一致，也可以保留原姓氏。

1113   有本法第一編關於民事法律行為無效規定情形或者違反本編規定的收養行為無效。

無效的收養行為自始沒有法律約束力。

第三節　收養關係的解除

1114   收養人在被收養人成年以前，不得解除收養關係，但是收養人、送養人雙方協議解除的除外。養子女八周

歲以上的，應當徵得本人同意。

收養人不履行撫養義務，有虐待、遺棄等侵害未成年養子女合法權益行為的，送養人有權要求解除養父母與養子女間的收養關係。送養人、收養人不能達成解除收養關係協議的，可以向人民法院提起訴訟。

1115　　養父母與成年養子女關係惡化、無法共同生活的，可以協議解除收養關係。不能達成協議的，可以向人民法院提起訴訟。

1116　　當事人協議解除收養關係的，應當到民政部門辦理解除收養關係登記。

1117　　收養關係解除後，養子女與養父母以及其他近親屬間的權利義務關係即行消除，與生父母以及其他近親屬間的權利義務關係自行恢復。但是，成年養子女與生父母以及其他近親屬間的權利義務關係是否恢復，可以協商確定。

1118　　收養關係解除後，經養父母撫養的成年養子女，對缺乏勞動能力又缺乏生活來源的養父母，應當給付生活費。因養子女成年後虐待、遺棄養父母而解除收養關係的，養父母可以要求養子女補償收養期間支出的撫養費。

生父母要求解除收養關係的，養父母可以要求生父母適當補償收養期間支出的撫養費；但是，因養父母虐待、遺棄養子女而解除收養關係的除外。

第六編

繼　　承

第一章　一般規定

1119　本編調整因繼承產生的民事關係。

1120　國家保護自然人的繼承權。

1121　繼承從被繼承人死亡時開始。

相互有繼承關係的數人在同一事件中死亡，難以確定死亡時間的，推定沒有其他繼承人的人先死亡。都有其他繼承人，輩份不同的，推定長輩先死亡；輩份相同的，推定同時死亡，相互不發生繼承。

1122　遺產是自然人死亡時遺留的個人合法財產。

依照法律規定或者根據其性質不得繼承的遺產，不得繼承。

1123　繼承開始後，按照法定繼承辦理；有遺囑的，按照遺囑繼承或者遺贈辦理；有遺贈扶養協議的，按照協議辦理。

1124　繼承開始後，繼承人放棄繼承的，應當在遺產處理前，以書面形式作出放棄繼承的表示；沒有表示的，視為接受繼承。

受遺贈人應當在知道受遺贈後六十日內，作出接受或者放棄受遺贈的表示；到期沒有表示的，視為放棄受遺贈。

1125　繼承人有下列行為之一的，喪失繼承權：

（一）故意殺害被繼承人；

（二）為爭奪遺產而殺害其他繼承人；

（三）遺棄被繼承人，或者虐待被繼承人情節嚴重；

（四）偽造、篡改、隱匿或者銷毀遺囑，情節嚴重；

（五）以欺詐、脅迫手段迫使或者妨礙被繼承人設立、變更或者撤回遺囑，情節嚴重。

繼承人有前款第三項至第五項行為，確有悔改表現，被繼承人表示寬恕或者事後在遺囑中將其列為繼承人的，該繼承人不喪失繼承權。

受遺贈人有本條第一款規定行為的，喪失受遺贈權。

第二章　法定繼承

1126　　繼承權男女平等。

1127　　遺產按照下列順序繼承：
　　　　（一）第一順序：配偶、子女、父母；
　　　　（二）第二順序：兄弟姐妹、祖父母、外祖父母。
　　繼承開始後，由第一順序繼承人繼承，第二順序繼承人不繼承；沒有第一順序繼承人繼承的，由第二順序繼承人繼承。
　　本編所稱子女，包括婚生子女、非婚生子女、養子女和有扶養關係的繼子女。
　　本編所稱父母，包括生父母、養父母和有扶養關係的繼父母。
　　本編所稱兄弟姐妹，包括同父母的兄弟姐妹、同父異母或者同母異父的兄弟姐妹、養兄弟姐妹、有扶養關係的繼兄弟姐妹。

1128　　被繼承人的子女先於被繼承人死亡的，由被繼承人的子女的直系晚輩血親代位繼承。
　　被繼承人的兄弟姐妹先於被繼承人死亡的，由被繼承人的兄弟姐妹的子女代位繼承。
　　代位繼承人一般只能繼承被代位繼承人有權繼承的遺產份額。

1129　　喪偶兒媳對公婆，喪偶女婿對岳父母，盡了主要贍養義務的，作為第一順序繼承人。

1130　　同一順序繼承人繼承遺產的份額，一般應當均等。
　　對生活有特殊困難又缺乏勞動能力的繼承人，分配遺產時，應當予以照顧。
　　對被繼承人盡了主要扶養義務或者被繼承人共同生活的繼承人，分配遺產時，可以多分。
　　有扶養能力和有扶養條件的繼承人，不盡扶養義務的，分配遺產時，應當不分或者少分。
　　繼承人協商同意的，也可以不均等。

1131	對繼承人以外的依靠被繼承人扶養的人，或者繼承人以外的對被繼承人扶養較多的人，可以分給適當的遺產。
1132	繼承人應當本著互諒互讓、和睦團結的精神，協商處理繼承問題。遺產分割的時間、辦法和份額，由繼承人協商確定；協商不成的，可以由人民調解委員會調解或者向人民法院提起訴訟。

第三章　　遺囑繼承和遺贈

1133	自然人可以依照本法規定立遺囑處分個人財產，並可以指定遺囑執行人。 　　自然人可以立遺囑將個人財產指定由法定繼承人中的一人或者數人繼承。 　　自然人可以立遺囑將個人財產贈與國家、集體或者法定繼承人以外的組織、個人。 　　自然人可以依法設立遺囑信託。
1134	自書遺囑由遺囑人親筆書寫，簽名，註明年、月、日。
1135	代書遺囑應當有兩個以上見證人在場見證，由其中一人代書，並由遺囑人、代書人和其他見證人簽名，註明年、月、日。
1136	打印遺囑應當有兩個以上見證人在場見證。遺囑人和見證人應當在遺囑每一頁簽名，註明年、月、日。
1137	以錄音錄像形式立的遺囑，應當有兩個以上見證人在場見證。遺囑人和見證人應當在錄音錄像中記錄其姓名或者肖像，以及年、月、日。
1138	遺囑人在危急情況下，可以立口頭遺囑。口頭遺囑應當有兩個以上見證人在場見證。危急情況消除後，遺囑人能夠以書面或者錄音錄像形式立遺囑的，所立的口頭遺囑無效。
1139	公證遺囑由遺囑人經公證機構辦理。
1140	下列人員不能作為遺囑見證人： 　　（一）無民事行為能力人、限制民事行為能力人以

及其他不具有見證能力的人；

　　（二）繼承人、受遺贈人；

　　（三）與繼承人、受遺贈人有利害關係的人。

1141　　　遺囑應當為缺乏勞動能力又沒有生活來源的繼承人保留必要的遺產份額。

1142　　　遺囑人可以撤回、變更自己所立的遺囑。

　　　立遺囑後，遺囑人實施與遺囑內容相反的民事法律行為的，視為對遺囑相關內容的撤回。

　　　立有數份遺囑，內容相牴觸的，以最後的遺囑為準。

1143　　　無民事行為能力人或者限制民事行為能力人所立的遺囑無效。

　　　遺囑必須表示遺囑人的真實意思，受欺詐、脅迫所立的遺囑無效。

　　　偽造的遺囑無效。

　　　遺囑被篡改的，篡改的內容無效。

1144　　　遺囑繼承或者遺贈附有義務的，繼承人或者受遺贈人應當履行義務。沒有正當理由不履行義務的，經利害關係人或者有關組織請求，人民法院可以取消其接受附義務部分遺產的權利。

第四章　遺產的處理

1145　　　繼承開始後，遺囑執行人為遺產管理人；沒有遺囑執行人的，繼承人應當及時推選遺產管理人；繼承人未推選的，由繼承人共同擔任遺產管理人；沒有繼承人或者繼承人均放棄繼承的，由被繼承人生前住所地的民政部門或者村民委員會擔任遺產管理人。

1146　　　對遺產管理人的確定有爭議的，利害關係人可以向人民法院申請指定遺產管理人。

1147　　　遺產管理人應當履行下列職責：

　　（一）清理遺產並製作遺產清單；

　　（二）向繼承人報告遺產情況；

　　（三）採取必要措施防止遺產毀損、滅失；

　　（四）處理被繼承人的債權債務；

（五）按照遺囑或者依照法律規定分割遺產；

（六）實施與管理遺產有關的其他必要行為。

1148　　遺產管理人應當依法履行職責，因故意或者重大過失造成繼承人、受遺贈人、債權人損害的，應當承擔民事責任。

1149　　遺產管理人可以依照法律規定或者按照約定獲得報酬。

1150　　繼承開始後，知道被繼承人死亡的繼承人應當及時通知其他繼承人和遺囑執行人。繼承人中無人知道被繼承人死亡或者知道被繼承人死亡而不能通知的，由被繼承人生前所在單位或者住所地的居民委員會、村民委員會負責通知。

1151　　存有遺產的人，應當妥善保管遺產，任何組織或者個人不得侵吞或者搶奪。

1152　　繼承開始後，繼承人於遺產分割前死亡，並沒有放棄繼承的，該繼承人應當繼承的遺產轉給其繼承人，但是遺囑另有安排的除外。

1153　　夫妻共同所有的財產，除有約定的外，遺產分割時，應當先將共同所有的財產的一半分出為配偶所有，其餘的為被繼承人的遺產。

　　遺產在家庭共有財產之中的，遺產分割時，應當先分出他人的財產。

1154　　有下列情形之一的，遺產中的有關部分按照法定繼承辦理：

（一）遺囑繼承人放棄繼承或者受遺贈人放棄受遺贈；

（二）遺囑繼承人喪失繼承權或者受遺贈人喪失受遺贈權；

（三）遺囑繼承人、受遺贈人先於遺囑人死亡或者終止；

（四）遺囑無效部分所涉及的遺產；

（五）遺囑未處分的遺產。

1155　　遺產分割時，應當保留胎兒的繼承份額。胎兒娩出時是死體的，保留的份額按照法定繼承辦理。

1156 　　遺產分割應當有利於生產和生活需要，不損害遺產的效用。

　　不宜分割的遺產，可以採取折價、適當補償或者共有等方法處理。

1157 　　夫妻一方死亡後另一方再婚的，有權處分所繼承的財產，任何組織或者個人不得干涉。

1158 　　自然人可以與繼承人以外的組織或者個人簽訂遺贈扶養協議。按照協議，該組織或者個人承擔該自然人生養死葬的義務，享有受遺贈的權利。

1159 　　分割遺產，應當清償被繼承人依法應當繳納的稅款和債務；但是，應當為缺乏勞動能力又沒有生活來源的繼承人保留必要的遺產。

1160 　　無人繼承又無人受遺贈的遺產，歸國家所有，用於公益事業；死者生前是集體所有制組織成員的，歸所在集體所有制組織所有。

1161 　　繼承人以所得遺產實際價值為限清償被繼承人依法應當繳納的稅款和債務。超過遺產實際價值部分，繼承人自願償還的不在此限。

　　繼承人放棄繼承的，對被繼承人依法應當繳納的稅款和債務可以不負清償責任。

1162 　　執行遺贈不得妨礙清償遺贈人依法應當繳納的稅款和債務。

1163 　　既有法定繼承又有遺囑繼承、遺贈的，由法定繼承人清償被繼承人依法應當繳納的稅款和債務；超過法定繼承遺產實際價值部分，由遺囑繼承人和受遺贈人按比例以所得遺產清償。

第七編

侵權責任

第一章　一般規定

1164　　本編調整因侵害民事權益產生的民事關係。

1165　　行為人因過錯侵害他人民事權益造成損害的，應當承擔侵權責任。

　　依照法律規定推定行為人有過錯，其不能證明自己沒有過錯的，應當承擔侵權責任。

1166　　行為人造成他人民事權益損害，不論行為人有無過錯，法律規定應當承擔侵權責任的，依照其規定。

1167　　侵權行為危及他人人身、財產安全的，被侵權人有權請求侵權人承擔停止侵害、排除妨礙、消除危險等侵權責任。

1168　　二人以上共同實施侵權行為，造成他人損害的，應當承擔連帶責任。

1169　　教唆、幫助他人實施侵權行為的，應當與行為人承擔連帶責任。

　　教唆、幫助無民事行為能力人、限制民事行為能力人實施侵權行為的，應當承擔侵權責任；該無民事行為能力人、限制民事行為能力人的監護人未盡到監護職責的，應當承擔相應的責任。

1170　　二人以上實施危及他人人身、財產安全的行為，其中一人或者數人的行為造成他人損害，能夠確定具體侵權人的，由侵權人承擔責任；不能確定具體侵權人的，行為人承擔連帶責任。

1171　　二人以上分別實施侵權行為造成同一損害，每個人的侵權行為都足以造成全部損害的，行為人承擔連帶責任。

1172　　二人以上分別實施侵權行為造成同一損害，能夠確定責任大小的，各自承擔相應的責任；難以確定責任大小的，平均承擔責任。

1173　　被侵權人對同一損害的發生或者擴大有過錯的，可以減輕侵權人的責任。

| 1174 | 損害是因受害人故意造成的，行為人不承擔責任。 |

| 1175 | 損害是因第三人造成的，第三人應當承擔侵權責任。 |

| 1176 | 自願參加具有一定風險的文體活動，因其他參加者的行為受到損害的，受害人不得請求其他參加者承擔侵權責任；但是，其他參加者對損害的發生有故意或者重大過失的除外。

活動組織者的責任適用本法第一千一百九十八條至第一千二百零一條的規定。 |

| 1177 | 合法權益受到侵害，情況緊迫且不能及時獲得國家機關保護，不立即採取措施將使其合法權益受到難以彌補的損害的，受害人可以在保護自己合法權益的必要範圍內採取扣留侵權人的財物等合理措施；但是，應當立即請求有關國家機關處理。

受害人採取的措施不當造成他人損害的，應當承擔侵權責任。 |

| 1178 | 本法和其他法律對不承擔責任或者減輕責任的情形另有規定的，依照其規定。 |

第二章　損害賠償

| 1179 | 侵害他人造成人身損害的，應當賠償醫療費、護理費、交通費、營養費、住院伙食補助費等為治療和康復支出的合理費用，以及因誤工減少的收入。造成殘疾的，還應當賠償輔助器具費和殘疾賠償金；造成死亡的，還應當賠償喪葬費和死亡賠償金。 |

| 1180 | 因同一侵權行為造成多人死亡的，可以以相同數額確定死亡賠償金。 |

| 1181 | 被侵權人死亡的，其近親屬有權請求侵權人承擔侵權責任。被侵權人為組織，該組織分立、合併的，承繼權利的組織有權請求侵權人承擔侵權責任。

被侵權人死亡的，支付被侵權人醫療費、喪葬費等合理費用的人有權請求侵權人賠償費用，但是侵權人已經支付該費用的除外。 |

1182　　侵害他人人身權益造成財產損失的，按照被侵權人因此受到的損失或者侵權人因此獲得的利益賠償；被侵權人因此受到的損失以及侵權人因此獲得的利益難以確定，被侵權人和侵權人就賠償數額協商不一致，向人民法院提起訴訟的，由人民法院根據實際情況確定賠償數額。

1183　　侵害自然人人身權益造成嚴重精神損害的，被侵權人有權請求精神損害賠償。

　　因故意或者重大過失侵害自然人具有人身意義的特定物造成嚴重精神損害的，被侵權人有權請求精神損害賠償。

1184　　侵害他人財產的，財產損失按照損失發生時的市場價格或者其他合理方式計算。

1185　　故意侵害他人知識產權，情節嚴重的，被侵權人有權請求相應的懲罰性賠償。

1186　　受害人和行為人對損害的發生都沒有過錯的，依照法律的規定由雙方分擔損失。

1187　　損害發生後，當事人可以協商賠償費用的支付方式。協商不一致的，賠償費用應當一次性支付；一次性支付確有困難的，可以分期支付，但是被侵權人有權請求提供相應的擔保。

第三章　責任主體的特殊規定

1188　　無民事行為能力人、限制民事行為能力人造成他人損害的，由監護人承擔侵權責任。監護人盡到監護職責的，可以減輕其侵權責任。

　　有財產的無民事行為能力人、限制民事行為能力人造成他人損害的，從本人財產中支付賠償費用；不足部分，由監護人賠償。

1189　　無民事行為能力人、限制民事行為能力人造成他人損害，監護人將監護職責委託給他人的，監護人應當承擔侵權責任；受託人有過錯的，承擔相應的責任。

1190   完全民事行為能力人對自己的行為暫時沒有意識或者失去控制造成他人損害有過錯的，應當承擔侵權責任；沒有過錯的，根據行為人的經濟狀況對受害人適當補償。

      完全民事行為能力人因醉酒、濫用麻醉藥品或者精神藥品對自己的行為暫時沒有意識或者失去控制造成他人損害的，應當承擔侵權責任。

1191   用人單位的工作人員因執行工作任務造成他人損害的，由用人單位承擔侵權責任。用人單位承擔侵權責任後，可以向有故意或者重大過失的工作人員追償。

      勞務派遣期間，被派遣的工作人員因執行工作任務造成他人損害的，由接受勞務派遣的用工單位承擔侵權責任；勞務派遣單位有過錯的，承擔相應的責任。

1192   個人之間形成勞務關係，提供勞務一方因勞務造成他人損害的，由接受勞務一方承擔侵權責任。接受勞務一方承擔侵權責任後，可以向有故意或者重大過失的提供勞務一方追償。提供勞務一方因勞務受到損害的，根據雙方各自的過錯承擔相應的責任。

      提供勞務期間，因第三人的行為造成提供勞務一方損害的，提供勞務一方有權請求第三人承擔侵權責任，也有權請求接受勞務一方給予補償。接受勞務一方補償後，可以向第三人追償。

1193   承攬人在完成工作過程中造成第三人損害或者自己損害的，定作人不承擔侵權責任。但是，定作人對定作、指示或者選任有過錯的，應當承擔相應的責任。

1194   網絡用戶、網絡服務提供者利用網絡侵害他人民事權益的，應當承擔侵權責任。法律另有規定的，依照其規定。

1195   網絡用戶利用網絡服務實施侵權行為的，權利人有權通知網絡服務提供者採取刪除、屏蔽、斷開鏈接等必要措施。通知應當包括構成侵權的初步證據及權利人的真實身份信息。

      網絡服務提供者接到通知後，應當及時將該通知轉送相關網絡用戶，並根據構成侵權的初步證據和服務類

型採取必要措施；未及時採取必要措施的，對損害的擴大部分與該網絡用戶承擔連帶責任。

權利人因錯誤通知造成網絡用戶或者網絡服務提供者損害的，應當承擔侵權責任。法律另有規定的，依照其規定。

1196　網絡用戶接到轉送的通知後，可以向網絡服務提供者提交不存在侵權行為的聲明。聲明應當包括不存在侵權行為的初步證據及網絡用戶的真實身份信息。

網絡服務提供者接到聲明後，應當將該聲明轉送發出通知的權利人，並告知其可以向有關部門投訴或者向人民法院提起訴訟。網絡服務提供者在轉送聲明到達權利人後的合理期限內，未收到權利人已經投訴或者提起訴訟通知的，應當及時終止所採取的措施。

1197　網絡服務提供者知道或者應當知道網絡用戶利用其網絡服務侵害他人民事權益，未採取必要措施的，與該網絡用戶承擔連帶責任。

1198　賓館、商場、銀行、車站、機場、體育場館、娛樂場所等經營場所、公共場所的經營者、管理者或者群眾性活動的組織者，未盡到安全保障義務，造成他人損害的，應當承擔侵權責任。

因第三人的行為造成他人損害的，由第三人承擔侵權責任；經營者、管理者或者組織者未盡到安全保障義務的，承擔相應的補充責任。經營者、管理者或者組織者承擔補充責任後，可以向第三人追償。

1199　無民事行為能力人在幼兒園、學校或者其他教育機構學習、生活期間受到人身損害的，幼兒園、學校或者其他教育機構應當承擔侵權責任；但是，能夠證明盡到教育、管理職責的，不承擔侵權責任。

1020　限制民事行為能力人在學校或者其他教育機構學習、生活期間受到人身損害，學校或者其他教育機構未盡到教育、管理職責的，應當承擔侵權責任。

1201　無民事行為能力人或者限制民事行為能力人在幼兒園、學校或者其他教育機構學習、生活期間，受到幼兒園、學校或者其他教育機構以外的第三人人身損害的，

由第三人承擔侵權責任；幼兒園、學校或者其他教育機構未盡到管理職責的，承擔相應的補充責任。幼兒園、學校或者其他教育機構承擔補充責任後，可以向第三人追償。

第四章　產品責任

1202　因產品存在缺陷造成他人損害的，生產者應當承擔侵權責任。

1203　因產品存在缺陷造成他人損害的，被侵權人可以向產品的生產者請求賠償，也可以向產品的銷售者請求賠償。

產品缺陷由生產者造成的，銷售者賠償後，有權向生產者追償。因銷售者的過錯使產品存在缺陷的，生產者賠償後，有權向銷售者追償。

1204　因運輸者、倉儲者等第三人的過錯使產品存在缺陷，造成他人損害的，產品的生產者、銷售者賠償後，有權向第三人追償。

1205　因產品缺陷危及他人人身、財產安全的，被侵權人有權請求生產者、銷售者承擔停止侵害、排除妨礙、消除危險等侵權責任。

1206　產品投入流通後發現存在缺陷的，生產者、銷售者應當及時採取停止銷售、警示、召回等補救措施；未及時採取補救措施或者補救措施不力造成損害擴大的，對擴大的損害也應當承擔侵權責任。

依據前款規定採取召回措施的，生產者、銷售者應當負擔被侵權人因此支出的必要費用。

1207　明知產品存在缺陷仍然生產、銷售，或者沒有依據前條規定採取有效補救措施，造成他人死亡或者健康嚴重損害的，被侵權人有權請求相應的懲罰性賠償。

第五章　機動車交通事故責任

1208　機動車發生交通事故造成損害的，依照道路交通安全法律和本法的有關規定承擔賠償責任。

1209　因租賃、借用等情形機動車所有人、管理人與使用人不是同一人時，發生交通事故造成損害，屬於該機動車一方責任的，由機動車使用人承擔賠償責任；機動車所有人、管理人對損害的發生有過錯的，承擔相應的賠償責任。

1210　當事人之間已經以買賣或者其他方式轉讓並交付機動車但是未辦理登記，發生交通事故造成損害，屬於該機動車一方責任的，由受讓人承擔賠償責任。

1211　以掛靠形式從事道路運輸經營活動的機動車，發生交通事故造成損害，屬於該機動車一方責任的，由掛靠人和被掛靠人承擔連帶責任。

1212　未經允許駕駛他人機動車，發生交通事故造成損害，屬於該機動車一方責任的，由機動車使用人承擔賠償責任；機動車所有人、管理人對損害的發生有過錯的，承擔相應的賠償責任，但是本章另有規定的除外。

1213　機動車發生交通事故造成損害，屬於該機動車一方責任的，先由承保機動車強制保險的保險人在強制保險責任限額範圍內予以賠償；不足部分，由承保機動車商業保險的保險人按照保險合同的約定予以賠償；仍然不足或者沒有投保機動車商業保險的，由侵權人賠償。

1214　以買賣或者其他方式轉讓拼裝或者已經達到報廢標準的機動車，發生交通事故造成損害的，由轉讓人和受讓人承擔連帶責任。

1215　盜竊、搶劫或者搶奪的機動車發生交通事故造成損害的，由盜竊人、搶劫人或者搶奪人承擔賠償責任。盜竊人、搶劫人或者搶奪人與機動車使用人不是同一人，發生交通事故造成損害，屬於該機動車一方責任的，由盜竊人、搶劫人或者搶奪人與機動車使用人承擔連帶責任。

保險人在機動車強制保險責任限額範圍內墊付搶救費用的，有權向交通事故責任人追償。

1216　機動車駕駛人發生交通事故後逃逸，該機動車參加強制保險的，由保險人在機動車強制保險責任限額範圍

內予以賠償；機動車不明、該機動車未參加強制保險或者搶救費用超過機動車強制保險責任限額，需要支付被侵權人人身傷亡的搶救、喪葬等費用的，由道路交通事故社會救助基金墊付。道路交通事故社會救助基金墊付後，其管理機構有權向交通事故責任人追償。

1217　　非營運機動車發生交通事故造成無償搭乘人損害，屬於該機動車一方責任的，應當減輕其賠償責任，但是機動車使用人有故意或者重大過失的除外。

第六章　醫療損害責任

1218　　患者在診療活動中受到損害，醫療機構或者其醫務人員有過錯的，由醫療機構承擔賠償責任。

1219　　醫務人員在診療活動中應當向患者說明病情和醫療措施。需要實施手術、特殊檢查、特殊治療的，醫務人員應當及時向患者具體說明醫療風險、替代醫療方案等情況，並取得其明確同意；不能或者不宜向患者說明的，應當向患者的近親屬說明，並取得其明確同意。

　　醫務人員未盡到前款義務，造成患者損害的，醫療機構應當承擔賠償責任。

1220　　因搶救生命垂危的患者等緊急情況，不能取得患者或者其近親屬意見的，經醫療機構負責人或者授權的負責人批准，可以立即實施相應的醫療措施。

1221　　醫務人員在診療活動中未盡到與當時的醫療水平相應的診療義務，造成患者損害的，醫療機構應當承擔賠償責任。

1222　　患者在診療活動中受到損害，有下列情形之一的，推定醫療機構有過錯：

　　（一）違反法律、行政法規、規章以及其他有關診療規範的規定；

　　（二）隱匿或者拒絕提供與糾紛有關的病歷資料；

　　（三）遺失、偽造、篡改或者違法銷毀病歷資料。

1223　　因藥品、消毒產品、醫療器械的缺陷，或者輸入不合格的血液造成患者損害的，患者可以向藥品上市許可

持有人、生產者、血液提供機構請求賠償，也可以向醫療機構請求賠償。患者向醫療機構請求賠償的，醫療機構賠償後，有權向負有責任的藥品上市許可持有人、生產者、血液提供機構追償。

1224 　　患者在診療活動中受到損害，有下列情形之一的，醫療機構不承擔賠償責任：

　　（一）患者或者其近親屬不配合醫療機構進行符合診療規範的診療；

　　（二）醫務人員在搶救生命垂危的患者等緊急情況下已經盡到合理診療義務；

　　（三）限於當時的醫療水平難以診療。

　　前款第一項情形中，醫療機構或者其醫務人員也有過錯的，應當承擔相應的賠償責任。

1225 　　醫療機構及其醫務人員應當按照規定填寫並妥善保管住院誌、醫囑單、檢驗報告、手術及麻醉記錄、病理資料、護理記錄等病歷資料。

　　患者要求查閱、複製前款規定的病歷資料的，醫療機構應當及時提供。

1226 　　醫療機構及其醫務人員應當對患者的隱私和個人信息保密。洩露患者的隱私和個人信息，或者未經患者同意公開其病歷資料的，應當承擔侵權責任。

1227 　　醫療機構及其醫務人員不得違反診療規範實施不必要的檢查。

1228 　　醫療機構及其醫務人員的合法權益受法律保護。

　　干擾醫療秩序，妨礙醫務人員工作、生活，侵害醫務人員合法權益的，應當依法承擔法律責任。

第七章　環境污染和生態破壞責任

1229 　　因污染環境、破壞生態造成他人損害的，侵權人應當承擔侵權責任。

1230 　　因污染環境、破壞生態發生糾紛，行為人應當就法律規定的不承擔責任或者減輕責任的情形及其行為與損害之間不存在因果關係承擔舉證責任。

1231　　　　兩個以上侵權人污染環境、破壞生態的，承擔責任的大小，根據污染物的種類、濃度、排放量，破壞生態的方式、範圍、程度，以及行為對損害後果所起的作用等因素確定。

1232　　　　侵權人違反法律規定故意污染環境、破壞生態造成嚴重後果的，被侵權人有權請求相應的懲罰性賠償。

1233　　　　因第三人的過錯污染環境、破壞生態的，被侵權人可以向侵權人請求賠償，也可以向第三人請求賠償。侵權人賠償後，有權向第三人追償。

1234　　　　違反國家規定造成生態環境損害，生態環境能夠修復的，國家規定的機關或者法律規定的組織有權請求侵權人在合理期限內承擔修復責任。侵權人在期限內未修復的，國家規定的機關或者法律規定的組織可以自行或者委託他人進行修復，所需費用由侵權人負擔。

1235　　　　違反國家規定造成生態環境損害的，國家規定的機關或者法律規定的組織有權請求侵權人賠償下列損失和費用：
　　　　（一）生態環境受到損害至修復完成期間服務功能喪失導致的損失；
　　　　（二）生態環境功能永久性損害造成的損失；
　　　　（三）生態環境損害調查、鑒定評估等費用；
　　　　（四）清除污染、修復生態環境費用；
　　　　（五）防止損害的發生和擴大所支出的合理費用。

第八章　高度危險責任

1236　　　　從事高度危險作業造成他人損害的，應當承擔侵權責任。

1237　　　　民用核設施或者運入運出核設施的核材料發生核事故造成他人損害的，民用核設施的營運單位應當承擔侵權責任；但是，能夠證明損害是因戰爭、武裝衝突、暴亂等情形或者受害人故意造成的，不承擔責任。

1238　　　　民用航空器造成他人損害的，民用航空器的經營者應當承擔侵權責任；但是，能夠證明損害是因受害人故

意造成的，不承擔責任。

1239　　佔有或者使用易燃、易爆、劇毒、高放射性、強腐蝕性、高致病性等高度危險物造成他人損害的，佔有人或者使用人應當承擔侵權責任；但是，能夠證明損害是因受害人故意或者不可抗力造成的，不承擔責任。被侵權人對損害的發生有重大過失的，可以減輕佔有人或者使用人的責任。

1240　　從事高空、高壓、地下挖掘活動或者使用高速軌道運輸工具造成他人損害的，經營者應當承擔侵權責任；但是，能夠證明損害是因受害人故意或者不可抗力造成的，不承擔責任。被侵權人對損害的發生有重大過失的，可以減輕經營者的責任。

1241　　遺失、拋棄高度危險物造成他人損害的，由所有人承擔侵權責任。所有人將高度危險物交由他人管理的，由管理人承擔侵權責任；所有人有過錯的，與管理人承擔連帶責任。

1242　　非法佔有高度危險物造成他人損害的，由非法佔有人承擔侵權責任。所有人、管理人不能證明對防止非法佔有盡到高度注意義務的，與非法佔有人承擔連帶責任。

1243　　未經許可進入高度危險活動區域或者高度危險物存放區域受到損害，管理人能夠證明已經採取足夠安全措施並盡到充分警示義務的，可以減輕或者不承擔責任。

1244　　承擔高度危險責任，法律規定賠償限額的，依照其規定，但是行為人有故意或者重大過失的除外。

第九章　飼養動物損害責任

1245　　飼養的動物造成他人損害的，動物飼養人或者管理人應當承擔侵權責任；但是，能夠證明損害是因被侵權人故意或者重大過失造成的，可以不承擔或者減輕責任。

1246　　違反管理規定，未對動物採取安全措施造成他人損害的，動物飼養人或者管理人應當承擔侵權責任；但是，能夠證明損害是因被侵權人故意造成的，可以減輕責任。

1247　　　禁止飼養的烈性犬等危險動物造成他人損害的，動物飼養人或者管理人應當承擔侵權責任。

1248　　　動物園的動物造成他人損害的，動物園應當承擔侵權責任；但是，能夠證明盡到管理職責的，不承擔侵權責任。

1249　　　遺棄、逃逸的動物在遺棄、逃逸期間造成他人損害的，由動物原飼養人或者管理人承擔侵權責任。

1250　　　因第三人的過錯致使動物造成他人損害的，被侵權人可以向動物飼養人或者管理人請求賠償，也可以向第三人請求賠償。動物飼養人或者管理人賠償後，有權向第三人追償。

1251　　　飼養動物應當遵守法律法規，尊重社會公德，不得妨礙他人生活。

第十章　建築物和物件損害責任

1252　　　建築物、構築物或者其他設施倒塌、塌陷造成他人損害的，由建設單位與施工單位承擔連帶責任，但是建設單位與施工單位能夠證明不存在質量缺陷的除外。建設單位、施工單位賠償後，有其他責任人的，有權向其他責任人追償。

　　　因所有人、管理人、使用人或者第三人的原因，建築物、構築物或者其他設施倒塌、塌陷造成他人損害的，由所有人、管理人、使用人或者第三人承擔侵權責任。

1253　　　建築物、構築物或者其他設施及其擱置物、懸掛物發生脫落、墜落造成他人損害，所有人、管理人或者使用人不能證明自己沒有過錯的，應當承擔侵權責任。所有人、管理人或者使用人賠償後，有其他責任人的，有權向其他責任人追償。

1254　　　禁止從建築物中拋擲物品。從建築物中拋擲物品或者從建築物上墜落的物品造成他人損害的，由侵權人依法承擔侵權責任；經調查難以確定具體侵權人的，除能夠證明自己不是侵權人的外，由可能加害的建築物使用人給予補償。可能加害的建築物使用人補償後，有權向

侵權人追償。

物業服務企業等建築物管理人應當採取必要的安全保障措施防止前款規定情形的發生；未採取必要的安全保障措施的，應當依法承擔未履行安全保障義務的侵權責任。

發生本條第一款規定的情形的，公安等機關應當依法及時調查，查清責任人。

1255 　堆放物倒塌、滾落或者滑落造成他人損害，堆放人不能證明自己沒有過錯的，應當承擔侵權責任。

1256 　在公共道路上堆放、傾倒、遺撒妨礙通行的物品造成他人損害的，由行為人承擔侵權責任。公共道路管理人不能證明已經盡到清理、防護、警示等義務的，應當承擔相應的責任。

1257 　因林木折斷、傾倒或者果實墜落等造成他人損害，林木的所有人或者管理人不能證明自己沒有過錯的，應當承擔侵權責任。

1258 　在公共場所或者道路上挖掘、修繕安裝地下設施等造成他人損害，施工人不能證明已經設置明顯標誌和採取安全措施的，應當承擔侵權責任。

窨井等地下設施造成他人損害，管理人不能證明盡到管理職責的，應當承擔侵權責任。

附 則

1259 　民法所稱的「以上」、「以下」、「以內」、「屆滿」，包括本數；所稱的「不滿」、「超過」、「以外」，不包括本數。

1260 　本法自 2021 年 1 月 1 日起施行。《中華人民共和國婚姻法》、《中華人民共和國繼承法》、《中華人民共和國民法通則》、《中華人民共和國收養法》、《中華人民共和國擔保法》、《中華人民共和國合同法》、《中華人民共和國物權法》、《中華人民共和國侵權責任法》、《中華人民共和國民法總則》同時廢止。

中華人民共和國民法典

出版　　中華書局（香港）有限公司
　　　　香港北角英皇道 499 號北角工業大廈一樓 B
　　　　電話：（852）2137 2338　傳真：（852）2713 8202
　　　　電子郵件：info@chunghwabook.com.hk
　　　　網址：http://www.chunghwabook.com.hk

發行　　香港聯合書刊物流有限公司
　　　　香港新界荃灣德士古道 220-248 號
　　　　荃灣工業中心 16 樓
　　　　電話：（852）2150 2100　傳真：（852）2407 3062
　　　　電子郵件：info@suplogistics.com.hk

印刷　　美雅印刷製本有限公司
　　　　香港觀塘榮業街 6 號 海濱工業大廈 4 樓 A 室

版次　　2022 年 12 月初版
　　　　© 2022 中華書局（香港）有限公司

規格　　32 開（200mm×110mm）

ISBN　　978-988-8809-12-7